350

350.org is an international movement of ordinary people working to end the age of fossil fuels and build a world of community-led renewable energy for all. Here's how we get there:

1. A Fast & Just Transition to 100% Renewable Energy for All. Accelerate the transition to a new, just, clean energy economy by supporting community-led energy solutions.

2. No New Fossil Fuel Projects Anywhere. Stop and ban all oil, coal and gas projects from being built through local resolutions and community resistance.

3. Not a Penny more for Dirty Energy. Cut off the social license and financing for fossil fuel companies — divest, de-sponsor and defund.

Join us at 350.org.

クライメート　レジスタンス　ハンドブック

2021 年 4 月 1 日　第 1 版第 1 刷発行

著者：ダニエル・ハンター
訳者：荒尾日南子
発行者：横山隆美
発行：350.org Japan
153-0064 東京都目黒区下目黒 4-15-3
japan@350.org
印刷・製本：株式会社桜創美

目次

序 文

　グレタは、より良い政策を政府に求め、毎週金曜日にスウェーデンの国会議事堂前で学校ストライキを行なっています。彼女のこの行動は世界の多くの人の心に響き、100ヵ国以上の何十万もの学生が国際的な「気候のための学校ストライキ」に参加しています。

　希望はいらない。希望を持ってほしくない。それより、パニックになってほしい。私が毎日感じる恐怖をあなたにも感じてほしい。そして、行動してほしい。

　2030年前後に、私たちは人類がコントロールできない不可逆的な連鎖反応をスタートさせる地点に立つでしょう。おそらくそれは、私たちが今、体験している文明社会の終わりの始まりとなるでしょう。二酸化炭素（CO2）排出量を少なくとも50％削減し、永続的で今までにない変化が社会のあらゆる側面で起こらない限りは。

　そして、これは、まだ必要な規模では発明されていない発明——天文学的な量の二酸化炭素をなくすことのできる発明——ができたと仮定して計算されていること知っていてください。

　そして、この科学的計算は、既に有害な大気汚染によって隠されている、ロックインされた温暖化は含んでいません。パリ協定のいたるところに明記されている、世界規模でこれを達成するには絶対的に必要な公正さ、気候正義という側面も含まれていません。

　これらが単に計算だということも覚えておかなくてはいけません。推測なのです。「もう取り返しのつかない時点」というのは、2030年よりももう少し前に、または、もう少し後に起こるかもしれません。誰も確実にそれを知ることはできません。でも、だいたいこの時期にそれが起こることは確実にわかっています。なぜなら、計算というのは、誰かの意見でも、当てずっぽうでもないからです。

　いつも私や他の学校のストライキの参加者に、自分たちが達成したことを誇りに思うように言う人がいます。でも、私たちが見ているべきものは一つだけ。二酸化炭素排出量のグラフの曲線です。残念ですが、それは今も上昇しています。その線だけを私たちは見ているべきです。

　何かを決めるときは毎回自分に問うべきです。「この決断は、あの

グラフの曲線にどう影響するだろう」と。私たちの富や成功を経済
成長のグラフで測るのではなく、二酸化炭素の排出量を示すグラフ
の曲線で測るべきです。「これを実施するのに十分なお金はあるの
か？」という質問だけをするのではなく、「これを実施するのに使え
る炭素予算はあるのか」とも問うべきです。これが新しい経済の中
心にならなくてはいけません。

　気候変動は、私たちが直面した最も簡単で、最も難しい問題です。
最も簡単だというのは、私たちは何をするべきかを知っているから。
私たちは、温室効果ガスの排出を止めなければなりません。最も難し
いのは、私たちの経済は化石燃料を燃焼することに完全に頼ってい
て、永遠に続く経済成長を創り上げるためにエコシステム（生態系）
を破壊しているからです。

　基本的な問題はどこに行っても同じです。そして、この基本的な問
題とは、美しい言葉や約束にも関わらず、気候とエコシステムの崩壊
を止めるため、または減速させるためにさえ、何も行われていない、
ということです。

　あなたが私と一緒に行動してくれるようになることを願っていま
す。この本が最初の一歩を、そしてその後、進んでいくのを助けてくれ
るよう願っています。

　気候崩壊を避けるためには、建設に何年もかかる大聖堂を造るみ
たいに考えなくてはいけません。もし、どうやって天井を作ったら良い
かわからなくても、基礎を造り始めなくてはいけないのです。私たち
は何をする必要があるか、細部までわかっていないのです。

　でも、私たちは次の一歩に進んでいく必要があります。行動して、こ
のような破壊が続くことを許している政治を変えていく必要がありま
す。私たちは、緊急性をもって行動する必要があります。なんとかして
道を見つけていかないといけないのです。

グレタ・トゥーンベリ

はじめに

　僕がアクションをオーガナイズ（注1）した初めての場所は、僕の閑静な地元でした。街の中心部を何人かで一緒にマーチ（街頭での行進＝デモ）しました。歌を歌ったり、スローガンを言ったりしながら、僕たちは市役所に到着しました。でも市長に意見するなんてことをどんな風に実行するのか、前もってしっかり考えてはいませんでした。だから、着いたその場でみんなで内容を考えて、それを伝えました。そして、メッセージを届けたぞ、と達成感いっぱいで家に帰りました。

　僕の街では誰もアクティビズム（市民活動）をしていなかったので、これだけでも新聞の1面を飾ることができました。自分の発言が引用されている記事を読んで、興奮して体が震えました。

　それからの数日間、僕はふたつの強い、そして相反した気持ちを感じていました。

　ひとつ目は、誇りからくるワクワクする気持ち。自分の取ったリスクからのアドレナリンが（身体中を）駆け巡っていました。歌のリーダーたちのことも、スピーチを担当した人たちのことも誇りに感じていました。メンバーの誰一人として、こんなことをしたことがある人はいませんでした。僕は、友達と遊んだり、宿題の残りを片付けたりする代わりにアクションに参加した僕たち全員のことを、誇りに思っていました。

　でも、その後数日の間にアクションの輝きは褪せていきました。そして、もうひとつの気持ちに気づきました。胃が痛くなるような心配です。みんなが願っていたほどアクションはうまくいかなかったんじゃないか、あれでは充分じゃなかったんじゃないか。自分たちのことをすごくパワフルに感じたのに、直後には何も変わらなかった。やる価値はあったんだろうか。こういった疑念が忍び寄ってきました。

　これらふたつの気持ちを、僕は抱えていました。成功した感覚と実際には変化を起こさなかったんじゃないかという心配。そのどちらかの気持ちを感じ続けることはできたでしょう。でも、その代わりに、次のような問いが浮かんできました。「何が今の状況で戦略的かな？」「地元での僕のアクションがどうしたら実際の変化に繋がっていくだろう？」「どうやったら単発のアクションから、多種多様な人が同じ目的のために一緒に参加する大きな運動に変化していけるだろう？」

　この本は、僕みたいにアクションに参加して、「次はなんだろう？」「パワフルに感じるだけではなくて、実際にもっとパワフルになるにはどうしたら良いだろう？」って思っている人、それを知りたい人のためにあります。

　今以上に気候への緊急性が高かったことはありません。僕らは、深刻な危機に直面しています。もし、人類が今まで何百万年の間、暮らしてきた暮らし方で地球に住みたいのなら、軌道修正が必要です。僕らは変わらなくてはいけません。そして、速いスピードで変わる必要があります。

　幸運なことに、僕たちは先人の豊かな歴史から学ぶことができます。（僕らみたいな）普通の人が歴史の流れを変えてきました。無慈悲な政府を倒し、共生や、より民主的で公平なシステムのために闘ってきました。力を持っている人たちはそれに抵抗しましたが、力のない人々は（力を合わせ）社会的な運動を起こすことで、変化を（彼らに）強制してきました。

　ある問題が重要なものだからといって、変化が起こるわけではないということも歴史から学べます。僕らは、この地球の気候のために困難に直面しながら進み続ける必要があります。なぜなら、気候問題にはたくさんの敵がいるからです。政府、企業、メディア、そして、ときには僕ら自身の消費や行動という敵です。

　だから、僕たちは一丸となって、可能な限り強い運動をつくり上げる必要があります。運動は、緊急性、怒り、そして恐怖といった気持ちと、僕たちが感じている「何かがおかしい」という思いを、変化への力になるよう導けたときに成功します。

　もし、あなたも同じように思っていたとしたら、この本はあなたのためにあります。さあ、始めよう！

ダニエル・ハンター

第１章：運 動
Chapter 1: Movements

　ハシバト・フランは、自分の政府にうんざりしていました。1980年代のモンゴルは過酷な状況にありました。モンゴルは厳しい権威主義の政府に統治され、その政府は反対勢力をすべて潰し、ひとつの政党、彼らの政党のみを残していました。

　ハシバトは学生として変化を起こそうと決めました。他の若者と密かに会い、政府レベルでの変化をどう引き起こさせるかについて議論しました。無理だと言った人もいたけれど、ハシバトと仲間は話し合いを続けました。

　これらの若者は、すごく大きな危険を冒していました。政府が力で彼女たちを止めるであろうこともわかっていました。この政府は、過去に仏教徒のコミュニティをほぼ一掃したことがあったのです。僧侶の5人に1人が殺され、残った僧侶のほとんどは国外に逃げました。でも、同時に、ハシバトは市民がこの状況に疲れていることも知っていました。疲れているだけでなく、怒りやフラストレーションを感じていることもです。そしてこの怒りは、ハシバトと彼女の友達が公でのアクションを考え出すまでは、どこにも持っていく場所のない状態でした。

　そしてモンゴルの若者たちは、1989年の国際人権デーにリスクをとってプロテスト（抗議活動）を実行しました。（この日のために）政府はスピーチと軍隊のパレードを細部まで計画していました。首都ウランバートルの大広場でです。

　若者は、200人の人をオーガナイズしました。プロテスト参加者は、政府の支配に反対するバナーを持って立ち、政府がお金を払って雇ったロックバンドよりも大きな声でチャント（歌などを唱和すること）を唱えました。

　そしてこれが市民の注目を集めました。プロテスト参加者だけが（政府に対して不満の）気持ちを抱えていた訳ではありません。ただ、声に出して表現したのは彼女たちが最初でした。恐怖で沈黙させられていた気持ちに、彼女たちが声を与えたのです。当初、大人のほとんどは、このプロテストのことをひそひそ声で話すだけでした。でも、国中の若者は真似をして独自のマーチを決行し始めました。

　次にハシバトが直面したのは、どんな運動でも何度も何度も直面する問いでした。「じゃあ、この次は何をする?」

　若者はふたつのことを素早く実行しました。ひとつ目は、組織化をすること。そうすれば(グループとして)意思決定をすることができ、自分たちのゴールを設定することができます。それと同時に、これから何をするかのタクティック(注2)を、つまり、自分たちをゴールへと導いてくれるアクションを選択していく必要がありました。「モンゴル民主連合(Mongolian Democratic Union/MDU)」という名前も決まりました。市民のマニフェストを作成し、どの政党からでも自由に出馬できる民主的な選挙などがゴールとなりました。

　彼女たちの動きはとても大きく拡大したので、全体をコーディネートするための委員会が必要となりました。さらに、「モンゴル民主連合」は、政府のように秘密のミーティングによって運営するようなことはしたくなかったので、1000人以上のメンバーが参加するオープンミーティングを開催することも決めました。

　ふたつ目の決断は、タクティックを変え、エスカレートさせることです。同じアクションを続けることは、ルーティン(同じことの繰り返し)を招いてしまいます。彼女たちはルーティンを避けることで、過去に可能ではなかったことを可能にできるようにしたいと思いました。そして、彼女たちの要求を呑むように政府にプレッシャーを与えられるアクションがほしかったのです。

　これは綱引き合戦みたいです。勝つためには、どんどんより大きな力を加えていく必要があります。

　若者たちは、自分たちが特別な立ち位置にいることを認識していました。運動のリーダーのほとんどは学歴があり、中には政府職員の息子や娘も含まれていました。ハシバトは、政府の外交官の娘でした。そのことが、ある程度、彼女たちを守ってくれていました。でも、彼女たちは、自分たちの要求を勝ち取るには犠牲を払うことが必要だということもわかっていました。犠牲とは、個人的にリスクを取る必要があるかもしれないということです。

　彼らのタクティックは、要求が呑まれるまで、ハンガーストライキを

（注2）タクティック
運動を語るとき、「タクティック」とは、ゴールを達成するために発案・計画されたデモや、アクション、イベント、署名活動、ツイッター・ストーム、勉強会、替え歌など様々な戦術を指します。

することでした。

　多くの若者たちはインドやロシア、中国などハンガーストライキが行われ、それらが成功したりしなかったりする地域で学んだことがありました。ハンガーストライキは、多くの人がそれが行われていることを知らないと成功しません。そこで、誰もの目につく公の広場でハンガーストライキを決行しました。

　ハシバトと彼女の仲間たちは、1990年、3月7日午後2時、気温-15度の中、ハンガーストライキを開始しました。これは本当に多くの人の注目を集めました。

　彼女たちは同時に仲間をリクルートする必要があることも知っていました。幅広い市民社会関連のグループに連絡し、近くの炭鉱で働く500人の労働者が彼女たちとの連帯のために1時間仕事を中断してくれました。僧侶も参加し、サポートの意思を伝えてくれました。学校の先生も彼女たち自身のストライキを決行してくれました。

　世の中の空気に変化の予感が現れ始めました。政府へのプレッシャーは積み重なり、政府はこのエネルギーをなんとか止めるために交渉や弱い妥協策を提案してきたりしました。でも、若者たち、そして今では多くの他のグループも、彼女たちのゴールの核となっているもの以外を受け入れることを拒否しました。それにより、より多くの仲間を呼び込むことができ、より多くのアクションが実行されていく場を作ることができました。

　そして彼女たちは勝ったのです。政府は仕方なしにすべての政党が参加することのできる民主的な選挙の開催を発表しました。闘いが終わったわけではないけれど、若者たちは巨大な勝利を手にしました。

社会運動は、波のようなもの

　この話の中には、どうやったら社会運動が勝利を手にすることができるかにおいてたくさんの学びがあります。まず、あなたはいくつもの異なるタクティックを使うことで勝利を手に入れます。やっていることをエスカレートさせて、敵にどんどんより大きな力をかけていきます。「勝てない」とあなたに言ってくる人たちの声を無視することで、勝利を手に入れます。味方（仲間）をオーガナイズ（組織化）し、自己犠牲を払い、行動し続けるのです。

　ひとつの重要な学びは、彼女たちが運動が生まれるのを手伝ったということです。

　運動というのは、怒りや愛のように深い感情を含んだものであり、社会の大規模な変化への夢や希望によって動かされます。これが運動と呼ばれているのは、そこに勢いと拡大するエネルギーがあるからです。

　そして運動は波のようなものです。いろいろな部分で構成される、エネルギーの束のようなものです。ひとつのグループやひとつの組織で成り立っているわけではありません。モンゴル民主連合には、教師や、労働者や僧侶が参加してくれました。それぞれのグループにそれぞれの役割があり、独自の方法や独自のタクティックがありました。だけど、全体的に共有されていた思いが、運動と呼べるものを創り上げたのです。

　運動は、ときに遠くから見てみると、より簡単に理解できます（だからこの本では、気候変動の運動だけでなく、他の社会運動についても書いています）。自分が運動の真ん中にいるとき、混沌として秩序がないように感じるかもしれません。運動というのは、スッキリ整理整頓されたものではないからです。もっとごちゃごちゃしているものです。そして、自分がその中で動いていると、足りないものがたくさんあることを痛感します。

　ほとんどの人は、運動がまだ小さいときにはそれに気がつきません。モンゴルでの最初のプロテストでは、それがどれだけ大きなものになっていくかを知っていた人はいませんでした。その波が十分に大きくなって、初めて人はそれに気がつくのです。

　これは重要な事実です。なぜなら、私たち一人一人が行なっている謙虚なタスクは、それがその運動のエネルギーと繋がっている限り、どんな貢献であれ意味のあるものだからです。

　運動を理解することは、私たちの行動がどんな風に大きな全体の一部であるかについての理解を助けてくれます。

社会運動の神話

　運動について勉強すると、ある問題に直面します。私たちは、社会運動によってどのように変化が起こるかということについて、嘘をつかれてきました。現実には起こり得ない神話を信じ込まされてきたのです。

神話:運動はマッチの火がつくように始まる。

　運動は、どこからともなく現れるものではありません。モンゴルの若者は何ヶ月も秘密のミーティングを重ねました。その前に実験的に色々試した人は失敗しました。そして、それらの先人（やモンゴルの外の経験者）から学ぶことに時間をかけました。でも、歴史の教科書ではそんなことは全部飛ばされ、何千人もの人がサポートしたストライキの話から書き始められるでしょう。でも、運動は「突然スタートする」という神話は、その前段階を無視しています。小さなネットワークの数々を築き上げなくてはいけないことも無視します。また、大きなアクションがその前段階で起こる小さなアクションよりも重要であるかのような印象を与えます。そして、スキルを身につけたり、他の運動から学ぶプロセスを飛ばしてしまいます。

神話:運動は数人のヒーロー的なリーダーによって築かれる。

　有名な運動を考えるとき、思い浮かぶのは、マーティン・ルーサー・キングやマハトマ・ガンジー、ネルソン・マンデラだけかもしれません。でも、運動というのは、ヒーロー的リーダー以上のものです。そういった存在がいる運動もあれば、いないものもあります。でもすべての運動は、さまざまな組織、グループ、そして変化のためにオーガナイズし、一緒に動くゆるいネットワークで成り立っています。ひとつの組織やアクション、もしくは個人が運動の全体だということはありません。

神話:運動には内部の完全な団結が必要だ。

　私たちは、過去の運動には明確なビジョンと計画があり、それにみんなが合意していたかのように振る舞うことがあります。でも、そんなことは一度もありませんでした。モンゴルの若者は言い合いもしたし、同意し合えないこともありました。アクションや方針について内部分裂したこともあります。成功する運動には、必ず内部での不一致や分裂があります。団結に向けて努力するのは素晴らしいことです。そして、そして大切なのは、すべての人が同じ見解を持つことはない、という現実を受け入れることです。

神話:署名集め（や何か1つのアクション）は運動だ。

　この神話はこんな風です。「化石燃料産業を止めたい？では大規模な署名をやって！」。もしくは、「みんなにSNSでシェアしてもらおう！」。もしくは、「大規模なマーチを！」。でも現実は、あるひとつのアクションが運動になることはありません。運動はたくさんの異なる種類のタクティックが必要です。誰でも参加できるアクションもあれば、ほとんどの人が取りたいと思わないような、大きな個人的リスクをとることを必要とするものもあります。弁護士が訴訟をしたり、鉱山労働者がストライキをしたりと、ある特定の人しかできないアクションもあります。運動はたくさんの違った種類のアクションが必要で、あるひとつのアクションが変化を引き起こすことはありません。

神話:運動は大規模なアクションを行なった時に成功する。

　何度も口にされるフレーズです。「とにかく大きなマーチが必要なんだ」。でも、運動はそれがどんなに大きかったとしても、ひとつのアクションで勝利することはありません。そう思っていると、いつも大きなアクションをオーガナイズしようとしてしまうことになります。でもそうなると、地方で起こっていることや、運動に参加したばかりのコミュニティ、または力強いけれど実験的なアクションなど、小規模なタクティックを勘定に入れなくなってしまいます。そして、大きなアクションだけのためにオーガナイジングを続けることもできません。運動には継続的なレジスタンス（抵抗運動）が必要です。そうでなければ、権力のある人はイベントが終わるのを待って、引き続き運動からの要求を無視し続けることができます。運動は、たくさんのレベルから変化に向けての持続的なプレッシャーを必要とします。これを築くのには時間がかかりますが、継続的なレジスタンスなしに運動がゴールを達成することはありません。

神話:運動は民主国家または警察の抑圧がない地域でのみ機能する。
非暴力社会運動は、いくつか例を挙げると、フィリピン、チリ、ボリビア、マダガスカル、ネパール、チェコスロバキア、インドネシア、セルビア、マリ、そしてウクライナの強靭で抑圧的な体制を覆しました。パワフルな社会運動は、抑圧的な国で頻繁に起こります。民主的な国では、より伝統的な方法（法廷や選挙など）で社会変革を起こそうとするかもしれません。しかし、厳しい支配者がいる場所では、ひとつ段階を飛ばすことができます。人々は、これらの制度が自分たちを救ってくれないことをすでに知っているのです。自分たちをオーガナイズする必要があるということです。オーガナイジングの方法は、民主国家と違いますが、最も抑圧的な国々でも、人々は運動を築き上げる方法を見つけてきたのです。

神話:運動が成功するにはメディアの注目が必要だ。

　これは、よく信じられている神話です。メディアが世論に影響を与えるのに役立つのは本当です。でも、運動がうまくいっているかどうかを、どれだけメディアに掲載されているかということと繋げて考えるのは健全ではありません。国が出資しているメディアに掲載されることに頼っていたとしたら、モンゴルの若者は相当満たされない思いをしたはずです。だから、彼女たちはハンガーストライキを公の広場で行なったのです。メディアに掲載されているから効果的に活動できていると信じていたら、メディアが飽きてしまって掲載しなくなったらどうなるでしょう？運動とは人々の中にあるもので、メディアはその人々に話しかけるためのいろいろな道筋のひとつにすぎません。

　これらひとつひとつの神話は、私たちに自分たちの外に目を向けさせます。ヒーロー的存在のリーダーを探したり、（運動に）適した状況を探したり、もしくは、新聞がどんな風に自分たちのことを書いているかに注目させます。でも、これらは力ではありません。運動は、私たちが自分たちの内側に目を向け、自分たちの中に、そしてお互いとの関係性に強さを見つけたときに最も効果的なものになります。

　これらの神話は、私たちに力に対して間違った見方をさせてしまいます。正しい見方で見るためには、力の逆三角形を理解する必要があります。

　力についてほとんどの人が考えるのは、上から下への流れです。生徒は先生がやるように言ったことをやる。先生は校長先生から指示を受ける。校長先生はその管理者から指示を受ける。このようにピラミッドの頂点にいる国のトップまで上がっていきます。

古い「力の構造」の見方

力の逆三角形

　気候変動においては、化石燃料企業が頂点にいると見るかもしれません。彼らは、国家元首たちと主流の政治家をお金で味方につけます。これらの政治家は、本来、化石燃料企業を規制することになっている政府の委員会を監督し、土地と労働者の権利を侵害します。そして、委員会はボス（である政治家）の計画を承認し、労働者に土地を開拓し、地中から石油を掘るように命じます。こんな具合に、この社会観では、下にいる誰もがトップの誰かからの命令に従います。

でも、「権力の構造」を理解するのを助ける別の見方があります。力の逆三角形です。

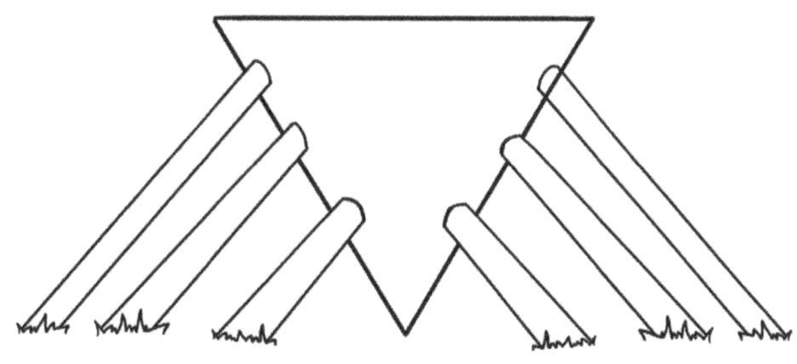

力の逆三角形

　力の逆三角形は、常に不安定になります。私たちの地球を破壊することに依存する抑圧的なシステムは不安定です。これだけの二酸化炭素やその他の温室効果ガスを排出するのは自然なことではありません。その不自然なシステムが存続するには「サポートの柱」によって支えられる必要があります。

　これらの「柱」は、構造を正当で正しいように見せます。たとえば、私たちに従うように訓練する、法律、裁判所、メディア、および学校が柱です。他の柱には、たとえ社会のシステムに反対していたとしても、システムが稼働し続けるのをサポートし、間違っていることに対して立ち上がるのを拒む人たちを含みます。ここには、管理者、規制機関、学者、教師などが含まれます。

　この見方は、私たちが実際にどれだけの力を持っているかを明らかにします。最も抑圧的なモンゴル政府は、最年少の市民が食事を拒否したので、交渉のテーブルにつかざるを得なくなりました。私たちがシステムに従うのをやめれば、システムは継続しないのです。

　気候変動問題に関わる人は、この力の逆三角形を使用して自分の活動と照らし合わせ、より緻密で正確に力についての理解を深めることができます。不適切な政策を維持するサポートの柱を認識できれば、どのように変化を起こすことができるのかを考える際に、私たちの想像力を拡大することができます。

　セルビアの若者のグループは、セルビアの強力で冷酷な独裁者と非暴力で闘いました。彼らは、運動に参加したすべての人に「力の逆三角形」について学ぶように求めました。彼らは、この概念と彼らが認識している柱を取り除くための計画を説明するトレーニングも行いました。彼らの説明はこんな風です。

> 統治者自身は、税金を徴収したり、抑圧的な法律や規制を施行したり、列車を定刻に運行したり、国の予算を作成したり、交通整理をしたり、港を管理したり、お金を印刷したり、道路を修理したり、食料を市場に供給したり、鉄鋼を作ったり、ロケットを作ったり、警察と軍を訓練したり、切手を発行したり、牛の乳搾りでさえすることはできません。人々はさまざまな組織や機関を通じて、これらのサービスを統治者に提供しています。人々がこれらの技術の提供をやめた場合、統治者は統治することができません。

このアプローチは彼らの運動の主要な要素でした。そして、彼らは残忍なセルビアの独裁者を打倒することに成功したのです。

　これは非暴力的な直接行動からの重要な洞察のひとつです。私たちの中には膨大な力が生きています。サポートの柱を取り除くことで、変化をもたらすことができます。私たちが関与をすることをやめる

と、不公平なシステムはより不安定になります。そして、私たちはそれ
を崩すことができるのです。

サポートの柱の分析

二酸化炭素（CO2）とその他の温室効果ガスの排出における力の
逆三角形を見てみましょう。たくさんのサポートの柱を調べることが
できます。

CO2とその他の温室効果ガスのサポートの柱の例

含まれるかもしれない項目:
農業部門　農業は、世界の温室効果ガス排出量の約15%を占めて
います。アグリビジネス業界は、環境基準や労働者の（給与）水準を
下げるために執拗に闘い続けています。森林の喪失は、農業からの
（農地拡大の）圧力によって引き起こされることが多く、温室効果ガ
ス排出量のさらなる10%を占めています。

車と輸送、交通セクター　輸送、交通により、全世界の温室効果ガ
スの約14%が排出されます。これは戦略的なポイントにもなります。
人々はCO2（または他の温室効果ガス）を目で見ることができませ
んが、車やバスからの汚染は目に見え、匂い、体感できるからです。

化石燃料産業　化石燃料の燃焼は、気候変動の最大の原因です。こ
れは、全地球規模の排出の大部分を引き起こします。

現状維持を続けることから利益を得る政府　彼らは、環境法を緩和
または廃棄するか、企業がそれらを破ることを容認します。彼らは大
きなシステムを変える力を持っていますが、この力を放棄し続けてい
ます。

　このリストは（作り始めると）すぐに長くなる可能性があります。

私たちはターゲット（注3）の数に圧倒されてしまうかもしれませんし、勝てないとすら感じるかもしれません。ここにも戦略的な洞察があります。

一度にすべてのサポートの柱に焦点を当てるのではなく、それらのひとつを動かすことにエネルギーを費やすキャンペーン（注4）を実行するのです。キャンペーンにはフォーカス（焦点を合わせる）という強みがあります。セルビアで、「オトポール」の学生たちは、動かせると考えた主要なサポートの柱を動かすためのキャンペーンを展開しました。そこには、他の若者たち、野党政治家、そして警察（！）までをも含んでいました。

フォーカスは戦略の賜物です。他の人が（運動の）他の部分を担っていることに気づき、自分たちが自分たちの役割で運動に貢献するのを助けます。

たとえば、350.orgは主に化石燃料産業の柱に焦点を当てています。これは、この業界がすでに2,795ギガトンを超える二酸化炭素を埋蔵地に所有しているためです。これは、現在最も保守的な科学者が、、私たちが普通と感じている気候に少しでも似た状態を維持できると考えている排出量（565ギガトン）の5倍の量です。

彼らがすでに所有している化石燃料を燃やせば、私たちの気候が回復する希望は一気にすべて吹き飛ばされてしまいます。そして、彼らの埋蔵量のレポートは、それが彼らの計画であることを示し続けています。さらに悪いことに、彼らはより多くの石油とガスを探すために数十億ドルを費やしています。言い換えれば、彼らはすべての生命への脅威なのです。

だから、私たちは化石燃料業界をターゲットにしました。私たちは彼らのサポートの柱を独自に分析しました。何がその業界を支えているのでしょう？

私たちは、影響を与えることができるかもしれないいくつかの柱を特定しました。ソーシャルライセンス（自治体や、地域住民、または社会より認められ受け入れられること）、アクセス、政治的許可、そして金融です。私たちの仕事は、主にダイベストメント（投資引き揚げ）を中心に計画されました。学校、礼拝所、さらには大銀行、都市、国さえもが、化石燃料への投資を引き揚げるようにするタクティックです。誰も化石燃料産業の開発から利益を得るべきではありません。だから、これは金融の問題です。

　しかし、ダイベストメント運動はまた、社会的ライセンスに関するものでもあります。市民の化石燃料産業への見解を変えることにより、大衆からの信認を取り消すのです。一般の人々が化石燃料産業を、必要とされている利益追求企業と見なす代わりに、世界的に破壊的なモンスターと見なし始めています。

　私たちはまた、自分たちの大地を守っている世界のフロントライン・コミュニティと協力しながら、化石燃料を地中に留める取り組みもしています。そして、私たちは化石燃料産業の社会的ライセンスに対し、異議を唱え続けます。彼らは合理的な会社ではありません。彼らは利益のためにすべてを殺すことをいとわない存在です。彼らは奴隷商人や海賊のようなものだと認識されるべきです。違うのは、奴隷商人も海賊も地球上のすべての生命を脅かさなかったことです。

　また、フォーカスを持つことの良い点は、ひとつの柱において勝利することで、他の柱に対する取り組みを容易にすることができる点です。化石燃料企業は政府を買収します。そのため、多くの国で、政治家が化石燃料企業から資金を受け取ることを止めさせるためにキャンペーンを行ってきました。化石燃料産業を弱体化させると、土地を購入し、先住民の人々が代々守ってきた水を汚染する力も弱めることができます。　ひとつの柱を獲得すると、他の柱への取り組みをより簡単にすることができます。

　ひとつの柱にフォーカスしたとしても、あなたはシステム全体について語り続けることができます。しかし、単に「これらすべてのサポートの柱がなくなりますように」と願って活動するのではなく、サポートの柱をひとつ選択し、実際に取り除き、崩壊させるということです。

　モンゴルの活動家が全員を一度に標的にしていたなら、勝利は難しかったでしょう。セルビアの活動家は社会のすべてのセクターを一度に動かそうとはしませんでした。それは彼らをあまりにも疲弊させてしまったことでしょう。

　そして、この点においてこそ、運動がエコシステム（生態系）のようなものであることを認識することの素晴らしさがあります。私たちは、このすべての動きの中で、（自然界のさまざまな動植物がそうであるように）自分の謙虚な役割を果たしていきます。ドイツの若者の話は、このことを明確に示してくれます。

ヨーロッパで下から流れる力

若い活動家のティム・ラトクリフは、状況を説明するメールを書きました。「新しい石炭火力発電所は、私たちの国で建設される可能性はほとんどありません。しかし、ドイツの国営銀行は、自らを「グリーンな」開発銀行と呼んでいますが、インド、南アフリカ、ギリシャ、コソボ、そしてその他の国で新しい石炭事業に投資しています」。

石炭は依然として最も汚染を引き起こす化石燃料です。そしてティムは、ぜんそくや肺がんを発生させ、言うまでもなく、その莫大な二酸化炭素排出量で気候変動を引き起こしているプロジェクトに資金を提供することで、裕福な国がお金を儲けていることに不満を感じました。

何をしたらいいのか？

ティムは他の人と一緒に、ある新しい運動に参加しました。ダイベストメント運動です。銀行に、悪い投資をやめるよう圧力をかけるのです。

私たちは時々、ダイベストメント運動についてこんな風に説明することがあります。あなたが誰かにお金をあげて、その人が振り向いてあなたにトマトを投げつけました。あなたならどうしますか？あなたはやめるように言うでしょう。そして、その人にお金を貯金するのもやめますよね？

あなたが銀行のような機関にお金を預金していたらどうでしょう？その銀行はあなたにトマトを投げつけていた同じ人にお金を貸しました。その場合はどうしますか？

あなたは銀行がその人にお金を貸すのを止めさせようとするでしょう。そして、あなたはおそらく銀行にお金を預金するのをやめるでしょう！

それがダイベストする、ということです。自分のお金（または他の機関のお金）を銀行から引き出すことで、銀行にトマトを投げる人への投資を引き揚げるよう圧力をかけることです。

ダイベストメントは、単に投資の反対です。つまり、非倫理的な株、債券、投資ファンドを取り除くことを意味します。

ダイベストメント運動の目的は、気候変動対策を抑制し続けている化石燃料産業の政治的影響力を弱めることです。ある機関が化石燃料企業との関係を公に断ち切る度に、不道徳な事業計画を実行するための彼らの力を削ぎ落としているのです。

　そこでティムは、ヨーロッパ全体でダイベストメント運動を実施している他の人々と協力して、これらの銀行に悪い化石燃料プロジェクトへの投資をやめるよう、圧力をかけました。

　学生の請願と抗議行動により、彼らは大学に、化石燃料企業への投資は一切しないと誓約するよう圧力をかけました。

　市民とともに、彼らは地方の都市と政府に同じことをするよう圧力をかけました。彼らは勝利を手にする度に、化石燃料産業への小さなサポートの柱を取り除きました。これはいくつもの運動の集合体で、英国、ドイツ、フランス、スウェーデン、オランダ、ベルギー、スイス、デンマーク、ノルウェー、フィンランドなどで250以上のキャンペーンが実施されています。

　しかし、銀行にダイベストメントを強要しようとした人はほとんどいません。そして、そのために、この話はここからさらに面白くなります。

　2019年、ティムは活動家向けのトレーニングの準備をしていました。彼は最良のトレーニングにはデモの実践が含まれていることを知っていたので、トレーニングの一環として、欧州投資銀行の外で公開集会をオーガナイズすることに決めました。

　欧州投資銀行は巨大な銀行であり、世界最大の多国間金融機関です。5年間で、化石燃料プロジェクトに118億ユーロ以上を融資しました。

　この時まで、ヨーロッパでのダイベストメント運動が拡大していたことを覚えておいてください。これらすべての運動の努力により、ダイベストメントは広く知られるようになっていました。それにより、金融機関は、化石燃料への投資がそれほど良いものであるかどうか、疑問を持ち始めていました。

　欧州投資銀行本部の外で、グループは結集しました。彼らは、大きなオレンジ色の「X」のサインを掲げました—「化石燃料プロジェクトはもういらない」。彼らが地面に座ってチャントを唱えたとき、驚くべきことが起こりました。銀行の副頭取が、彼らに挨拶するために出てきたのです。

　副頭取の発言は不十分でした。しかし、それは活動家たちに重要な戦略的教訓を示しました。団体や機関をターゲットにしなければ、彼らは現実を直視しようとせずに、自分には関係ないという態度を取り続けるということです。パブリック・アクション（公の場での行動）を実行することにより、銀行が対応するようプレッシャーをかけることができました。そして、銀行は明らかに副頭取を送るだけのプレッシャーを感じていたようです！

　主催者は、さらにプレッシャーを加えていくことを決定しました。それが、活動家が勝利する方法です。団体や機関に正しいことをするように、加速的により大きなプレッシャーを加えていくのです。

　2019年の夏の間、彼らは一般の人々から、化石燃料への投資を中止するよう銀行に求めるハガキを集めました。そして、夏の終わりに彼らは別の大きなアクションを実行しました。巨大なハガキを地面に貼り付けたのです。

　そして11月、彼らは欧州投資銀行が将来的に化石燃料プロジェクトから撤退するという大きなニュースを受け取りました。欧州投資銀行は、ほぼすべての化石燃料への融資を2年以内に終了し、パリ協定を遵守することに同意しました。

　やるべきことは他にもあります（常にあります）。欧州投資銀行はこれを実行し、抜け穴をなくす必要があります。しかし、世界的には、これにより金融をターゲットにしたダイベストメント運動の新たな領域が開かれています。人々が銀行をターゲットにして圧力をかけられることに気が付いたのです。南アフリカから日本まで、より多くの国がこの方法でファイナンス・キャンペーンを行っています。

　このキャンペーナー たちは、サポートの柱を取り除き、行動を起こすことにより、欧州投資銀行に勝利しました。そして、サポートの柱を取り除く度に、化石燃料産業の力は減退していきます。

　このキャンペーナーたちが行ったのは、本質的には、サポートの特定の柱（欧州投資銀行）をターゲットにしたキャンペーンの実行です。そしてそれは、私たちにキャンペーンの力について教えてくれます。

NEXT STEPS

日本では「レッツ、ダイベスト」キャンペーン（350 Japan主催）を実施しています。地球にやさしい「クールバンク」（化石燃料関連事業に投融資していない銀行）に乗り換えませんか？詳しくは、350jp.org/lets-divest をチェック！

第 2 章：キャンペーン
Chapter 2: Campaigns

環境のための最初のキャンペーンに勝ったとき、私は8歳でした。

それは、私が育った教会で起こりました。ミサの後は、いつも皆で社交的な時間を過ごします。ジュースやコーヒー、お茶を飲んだり、焼き菓子を食べたりしました。皆、発泡スチロールのコップで飲み物を飲み、そして、それを捨てていました。

もったいなかったです。数週間、私は自分の再利用可能なガラスのコップを持っていきました。環境を守りたかったからです。

でも、それは個人的な変化でした。毎週日曜日には、発泡スチロールのカップが100個ほど捨てられました。もっと大きな変化を引き起こしたかったのです。システムの（構造的）変化です。

だから、私は情報収集をしました。そして、教会で仲間を見つけました。一人の年配の人が、教会がすでにガラスのコップを所有していることを教えてくれました。誰かが、この種の決定を担当しているのは教会の指導者（執事）たちである、と私に教えてくれました。プレゼンテーションを準備し、執事の前で話すことを勧められ、私はそうすることにしました。私は発泡スチロールは生分解するのに何世紀もかかること、一年間に何個捨てられるかについて統計を調べました。

ある午後、私は執事たちの前に立ちました。膝が震えました。体も震え、いくつかのメモ書きを落としました。話すときにはどもってしまいました。

私がプレゼンを半分ほど終えたとき、執事の一人が私に止める

ようにジェスチャーしました。私は胃がギュッと絞られたようになっ
たのを、今でも覚えています。

　「あなたは私たちを納得させましたよ」。と彼は突然言いました。
彼は、他の執事の方を向きました。「私たちはもう投票できますね?」

　彼らは私の提案に賛成票を投じ、他の議題に移りました。

　最初は実はがっかりしました。私が一生懸命取り組んだプレゼ
ンテーションを最後まで終えたかったのです。でも、それは私の緊張
から来るものでした。ショック状態を過ぎると、私は悟ったのです。こ
れは勝利だ!教会は発泡スチロールのカップの使用をやめ、ガラスに
切り替えたのです!

　私がやったことは、基本的なキャンペーンでした。すべての手順
がそこに含まれています:

<リサーチ>　この問題について、そして、どのような変化が必要か
について学びました。私自身がいくつかの事実を知っていることが重
要でした。しかし、すべてを学ぼうとして行き詰まってはいけません。
行動する準備をしてください!

<仲間を探す>　これをたった一人で達成することはできませんで
した。私は十分な知識を持っていませんでした。だから、私は共感して
くれる人を必要としていました。このときは小さなキャンペーンだった
ので、わずか4人の小さなグループでした。

<目標を設定する>　ただ単に「地球を救おう」と言っていたら、執
事たちは何をすべきかわからなかったでしょう。私は執事たちに何を
すべきかを示す必要がありました。彼らは私に変更すべき点を明確に
伝えてもらう必要がありました。目標は非常に重要です。

<より大きな組織に圧力をかける>　私の言っていることに反対す
る人が誰もいなかったことは幸運でした。このキャンペーンは、普通
ではあまりないほど簡単でした。それは、私の目標がとても小さかっ
たためでもあります。しかし、それでも、システムに影響を与えること
は、単に一人の個人が与えられる影響よりもはるかに大きなもので
す。この教会は、まだガラスのコップを使用しています。あの小さな行
為により、15万個以上の発泡スチロールのカップが浪費されません
でした。システムの変化は、ほとんどの場合、個人レベルでの変化よ

りもはるかに効果的です。たとえば、私が自分と数人の友達に切り替えてもらいたかっただけであった場合と比べてください。

＜ターゲットを特定する＞ 「教会」が変化を起こすべきだとは言いませんでした。私たちの小さなグループは、決定者が執事たちであることを知りました。キャンペーンの重要性について他の人にも話をしましたが、決定を下さなければならないのは執事であることがわかっていました。オーガナイジング用語で、これを「ターゲット」と呼びます。つまり、あなたが望むものをあなたに与えることができる人です。ターゲットが誰かを知ることは、彼らを説得し、彼らに圧力をかけ、または彼らに正しいことをさせるキャンペーンをデザインするのに役立ちます。

＜行動！＞ 「自分が怖いと感じることに挑戦した！」。これはすべてのキャンペーンでもかなり一般的なことです。リスクなしでは社会の変化はありません。

キャンペーンは愛の表現

多くの人は何かを変えたいと思っていますが、それをどうやれば良いのか知りません。だから、彼らは永遠に繰り返される勉強会や、最終的に積み重なって何かになることのない単一のアクションに多くのエネルギーを費やしてしまいます。

私たちは、環境にどのように害を及ぼすかについてのワークショップをできたかもしれません。私たちは、毎日午後に映画を観れたかもしれません。あるいは「環境の保全」についてヴィジル（徹夜祭の祈り）さえできたかもしれません。でも、これらは、個々としては、変化を生むことはありません。

学びの場は必要です。しかし、行動なしの学びは、水やりをしない種蒔きのようなものです。変化を起こすためには、私たちは行動を起こす必要があります。

キャンペーンは、人々の思いやりに根ざした多くのアクションを使用します。ベトナム人のグエン・ディン・ティウは16歳で、どうやってベトナムでの最初の気候変動マーチへ参加したかを説明してくれました。「私も私のコミュニティのために本当に何かをしたいです。私はグレタのように勇敢になりたいと思っていて、日曜日の行動に参加することで、気候破壊に反対する若いベトナム人の一人になったことを誇りに思います。そして、私たちのようなベトナムの若者がもっと増えることを願っています」。

　私たちは、私たちの愛から行動します。そして、私たちは具体的な目標にフォーカスすることで、その愛の流れる経路を作ります。

　だから、キャンペーンは社会の問題から始まりますが、そこでは終わりません。キャンペーンでは、私たちが世界で望んでいるものを特定し、それを達成するために取り組みます。このような目標を設定すると、勉強会やそのほか目標達成のためのイベントやプロテストが強化されます。

　私のキャンペーンの目標は、たまたま小さなものでした。そして、小さな目標でだけキャンペーンを行うのが良いと信じている非常に大きな、いわゆるパワフルな団体もあります。時々、彼らは「現実的」でいるのだ、と言い訳をします。

　しかし、現在の政治的現実を受け入れることは、死刑判決と同じです。キャンペーンの目標は小さい必要はなく、もちろん政治的に現実的であると受け入れられる必要もありません。

　これは私たちが教えられてきたもうひとつの運動の神話です。キャンペーンは「リアリズム」に基づいているのではなく、キャンペーンを実行している人々の感情と、彼らの他の人々とつながり、そして彼らを説得する能力に基づいています。

　それはセルビアの活動家にも当てはまりました。彼らが活動を始めたとき、彼らの多くは高校生でした。彼らは、国の指導者であるスロボダン・ミロシェヴィッチを倒すことができると主張して、マスコミに馬鹿にされました。

　1970年代、南アフリカのソウェトに住む黒人の学生にとってもそうでした。主要な政府当局者は、「ネイティブ（黒人）が、ヨーロッパ人（白人）と平等になることはありえないということを、彼らが幼い頃から教えられなければならない」と述べました。それがバントゥ教育法の下での政策となりました。彼らは残忍で残酷で強力な白人抑圧者に直面しました。それでも彼らはストライキを実行しました。それはサポートの柱を最初に突き刺したアクションで、数十年後、アパルトヘイトは崩壊しました。

　これらのダイナミクス（力や出来事の関係性）は、今日、世界中の何百万人もの学生ストライカー（学校ストライキ参加者）にとって同じぐらい現実のものです。多くの人がグリーン・ニューディール（環境や社会の不平等を同時に解決するための経済刺激策）や抜本的な変革を提唱していますが、政治的現実主義者たちはそれが起こらないと確信しています。

キャンペーンは、このダイナミクスを3つの方法で変化させます。まず、キャンペーンでは「抜本的な変革が必要」と大まかに述べるのではなく、目標を設定して、前進するための手順を示します。

活動家が主張するやり方の通りに実施されるとは限りませんが、社会は、青写真を必要としています。

第2に、キャンペーンは持続的なアクションを使用してプレッシャーを維持します。キャンペーンは、たくさんの異なる種類のアクションを使用して、社会のさまざまな層を動かします。ひとつのアクションで人々を納得させることはできないため、さまざまなアクションを試みて、より多くの人々を自分たちの味方にしていきます。

第3に、キャンペーンは人々に感情の出口を与えます。世界中に、気候変動についての大きな不安があります。ほとんどの人は、通りに出て自分のその感情を表現したりはしません。成功するキャンペーンは、それらの感情を活用します。目標は、人々に彼らの行動が有意義なものになる、という感覚を与えます。

これはつまり、私たちが最も根本的で心の底からの気持ちと繋がり続けるということを意味します。「オトポール（セルビアの若者の運動）」のあるキャンペーナーは言いました。「私たちは人生をもっと愛しているので勝ちました」。

だから、キャンペーンは単なるスローガンや教育イベントではありません。キャンペーンは目標の力を利用して、誰かに変化をもたらすように圧力をかけるのです。

終わりのないアクションの代わりに目標設定を

私はアメリカのイラク戦争を止めようとするグループの一員でした。私の町では2,000人のマーチをオーガナイズすることができました。大変多くの参加者でした。そして、メディアにも大きく取り上げられることが出来ました。

だからもう一度やりました。

　今回は街頭に<u>10,000</u>人が集まりました。私は集会の司会者の一人で、マーチの最後尾は見ることができないほどでした。当時、これは私がこれまでオーガナイズに参加した中で最大のマーチでした。気持ちは最高でした。

　それでは、次に何をしたでしょう？

　私たちはタクティックを変えませんでした。もう一度同じことをやったのです。今度は、行進したのは1,500人だけでした。報道も少なくなりました。

　そして、私たちはどう感じていたでしょう？かなり悪い気分です。

　そして、次に何をしたでしょう？

　もう一度マーチです。今回来たのはわずか数百人で、事実上報道されませんでした。

　問題は、私たちには全く計画がなかったということでした。あったのは、タクティックだけです。だから私たちはそのタクティックを使い続けました。それしか知らなかったからです。

　私たちは終わりのないアクションを実行していました。

終わりのないアクション

　あなたが政治家であり、キャンペーンのターゲットだと想像してください。人々はあなたのオフィスの外にいて、何かをするように強く迫っています。あなたは彼らに直面せずに済むように、裏口からこっそりと入らなければなりません。あなたはプレッシャーを感じています。

　しかし、人々は翌日もそこにいるでしょうか？彼らはプレッシャーをかけ続けますか？

　もし、あなたがプレッシャーがなくなるまで待つことができるのであれば、あなたが行動を変えることはほとんどありません。

　政府当局者（およびほとんどのターゲット）は、人々が大きな行

動を起こすまで大抵の場合、ただ何もせずに待機しています。活動家
の運が良ければ、当局は数日間マスコミに叩かれます。しかし、プレ
ッシャーはかかり続きません。彼らは運動の熱が吹き去るまで待ち
ます。そして、彼らは悪いことをし続けます。

　　　キャンペーンはアクションに変化をつけます。そして、この変化を
サポートしてくれる新しい人々をリクルートします。時々、多くの人が
関わる大規模なアクションを行い、時には、少人数の人が参加する非
常にリスクの高いアクションを選択します。各ステップは、ターゲットと
目標の達成に向かっています。彼らはプレッシャーをかけ続けます。

キャンペーンの評価キャパシティは増加していますか?これは、単によ
り多くの人々を意味するだけでなく、より強力な人々、つまり、よりスキ
ルのある人、より強い関係性、よりリスクがあることを実行する意欲の
ある人々、そしてもちろん、より多くの人々を意味します。

　　　気候変動のような問題では、どこから始めればよいでしょうか?
たったひとつではなく、非常に多くの解決策が必要とされています。
強力なプレーヤーに正しい行いをしてもらうことにより、新しい仲間
を勝ち取り、どんどんより大きな勝利のための運動の力を獲得して
いきます。私たちは、できるだけ速く変化を起こすためのキャパシテ
ィーを構築する必要があります。

キャンペーンの例:

- ニュージーランドのキャンペーナーたちは、首相（ターゲット）に圧力をかけて、すべての新しい海上石油掘削を止め（＝目標）させました。
- 350 ジョージア州は都市レベルでキャンペーンを実施しています。クタイシの市長（ターゲット）が 2050 年までに都市を 100% 再生可能エネルギーにする（＝目標）ことを約束したことが彼らの最初の勝利でした。
- ケニアでは、学生のグループが海岸地方での約 1,050 メガワットの石炭火力発電プロジェクトに気がつき、それを阻止する（＝目標）ために、オーガナイズをして、大統領、内閣官房長官、および教育省（ターゲット）に圧力をかけました。
- 米国の「マザーズ・アウト・フロント（Mothers Out Front）」は、子どもたちが「住むことができる地球」を望んでいましたが、それをどうキャンペーンにできるか考えました。そして、学区（ターゲット）に圧力をかけて、電動スクールバスに切り替える（＝目標）よう圧力をかけることにしました。
- 香港では、5 つの異なる大学の理事会（ターゲット）を対象とする「グローバル・ダイベストメント運動動員キャンペーン」を開始し、彼らが化石燃料への投資をすべて取り除くこと（＝目標）を求めました。

キャンペーンはタクティックを利用します。それには、小さなイベントと大きなイベントのミックスや、繰り返しまたは 1 回限りのアクションが含まれているかもしれません。「終わりのないアクション」とは異なり、キャンペーンには目標とターゲットがあります。

キャンペーンの素晴らしい点は、最初は小さな規模で始められることです。でも、同時に、より大きなものの一部として存在することができます。前述の「マザーズ・アウト・フロント」はかなり小さなグループです。

彼女たちは、いくつかのバスを電動に変えることができました。しかし、彼女たちがキャンペーンしている方法は、明確に気候変動についてであり、ディーゼル燃料の悪影響についてです。そして、彼女たちはディーゼルの使用を止めること、そして再生可能エネルギーに向かって行くことの両方を主張しています。

そして、小さな勝利があると勢いがつき、人々を引き付け続けることができます。そして、より大きな勝利へと進んでいくことができます。

この意味で、キャンペーンは目標とターゲット以上のものです。キャンペーンはより良いものへの人々の切望です。

人々は抑圧や「期待しないこと」に慣れています。キャンペーンは、それらから私たちを揺さぶり出してくれます。人々は何かのために闘うと、自分が本当にそれを手に入れるに値すると信じ始めます。

私たちがキャンペーンをするとき、私たちはより大きな夢を見始めます。私たちが世界で力を持っていることが見えるようになってきます。私たちは周りの人々に対して、より良い行動を期待し始めます。

キャンペーンに負けても、このエネルギーは持続します。それが、この方法でのオーガナイズの構築がとてもパワフルである理由のひとつです。「気候を救え」と言うのは簡単です。教育省のオフィスに行って、「ラムの石炭火力発電所を止めてください。それは私たちの子どもを殺してしまいます」と言う方が難しいのです。キャンペーンで焦点を当てるべきは、私たち、私たちの友人、同僚が、より多くの変化、より速い変化を求めることに慣れるための実践で、そうすることを習慣化していくことです。

終わりのないアクションは私たちの気分を良くしてくれることもありますが、一方、キャンペーンは私たちの気分を良くし、さらに、より大きな影響を与えるのに役立ちます。

キャンペーンの立ち上げ方

私たちの中には、全国的運動の一部としてキャンペーンを経験した人もいます。しかし、参加できる全国的なキャンペーンがない場合は、実験的にさまざまなことを試してみるかどうかは、地元のグループにかかっています。では、どう始めれば良いのでしょう?

ヨルダンのキャンペーンを見てみましょう。それは、オマールとヒバという2人の若者から始まりました。彼らにはいくつかのアイデアがありましたが、たった2人の人間が気候変動ほど大きな問題にどのように影響を与えることができるかはわかりませんでした。

彼らは、他の人々が自分にも関連があると感じられる気候キャンペーンを作りたかったのです。そこで、彼らはそこに住んでいる人々にとって何が重要かを考えました。彼らは、温室効果ガス排出の最大の原因のひとつである、経済のセクターをターゲットとすることを決定しました。それは交通です。

　ヨルダンには公共交通機関が十分ありません。つまり、多くのヨルダン人が自分の自家用車を購入しています。その結果、都市は地区の境目で混雑し、カオス状態です。それは、人々の時間、お金、エネルギーを無駄にしています。そして、その汚れた空気で環境と健康に大きな問題を引き起こします。

　これは気候変動についてです。しかし、社会的、健康的、経済的な側面から、彼らは他の人々を巻き込むことができました。彼らは、新しい人々を引き付けるために、広く共有された価値観を持つキャンペーンを選びました。

　彼らはキャンペーンの目標（ヨルダン全体のインフラをより良くする）のイメージがありましたが、詳細はまだありませんでした。

　そこで、彼らはリサーチを始めました。彼らは公共交通機関について、手に入れることができるすべての資料を読みました。そして、友人や会った人なら誰とでもそのことを話し始めました。ゆっくりと、彼らは「We Get Together（ウィー・ゲット・トゥギャザー）:私たちは皆公共交通機関を利用する権利があります」というキャンペーン・グループを構築しました。彼らはもはや1人や2人ではありませんでした。お茶とコーヒーを飲みながらの毎週のミーティングには、10人以上が集まりました。

　彼らはバス停や他の公共スペースの外で人々の体験を聞くことに時間を費やしました。フラストレーションを感じているバスの利用者をキャンペーンにリクルートしました。そして、そこで幾度となく聞いたのは、バス路線がどのように交差しているかがわかる路線地図と、バスがいつ到着するかが実際に把握できる時刻表の必要性でした。

　これは目標をより明確にするのに役立ちました。彼らは、最初は首都アンマンにキャンペーンを集中させることにしました。そして彼らの目標の中には、バス路線の地図、アプリ、時刻表の作成がありました。彼らの場合、これらを本来作成するべき政府機関を見つけました。それが彼らのターゲットです。

　これが成功するかどうかは明らかではありませんでした。しかし、どんなキャンペーンでも、すべての情報を手に入れ、すべてを把握する前に、リスクを冒して人々に大胆に計画を伝えるときがやってきます。

キャンペーンの目標を選択するのは難しい時期です。すべてに取り組み、すべてについて話し合うことにより、「グループの全員をハッピーに保つ」ことがより簡単に思えるかもしれません。私の経験では、これを行うグループは、短期的には人々をまとめられる可能性があります。しかし、時間の経過とともに、人々は何も達成されていないことに不満を感じ、去って行きます。そしてすぐに、それは小さな意味のないグループになってしまいます。

彼らは、楽しい方法でキャンペーンを開始しました。ターゲットを象徴する市庁舎に向かってサイクリングする人々とともに、巧妙にオーガナイズされた公開記者会見を開催しました。

彼らがどんな成功を収めるにも、これよりさらに多くのタクティックが必要でした。たとえば、公開イベントやネットワーキングや広報活動を開催し、研究所を共同で立ち上げ、独自のマップを作成したりしました。そして最近、彼らはいくつか成功を収めました。市は公共交通機関に予算を追加し、バスの地図とアプリを作成してバスのルートを表示し、公共交通機関の調整機能を改善しています。グループはまだ存続しており、さらに多くの変化のために闘っています。

キャンペーンを構築するための彼らのステップは、私がこれまで参加してきたほとんどのキャンペーンと同じものです。

1. 数人を集め、会う。
2. 解決したい問題を決定する（そしてより多くの人をリクルートする）。
3. 問題をリサーチする。
4. キャンペーンの目標を設定し、ターゲットが誰であり、どうやって彼らを動かすかを決める（そして、より多くの人をリクルートする）。
5. キャンペーンを開始する（できれば楽しい方法で）。

仲間のスペクトル（分布）

私たちの誰も、気候変動の壊滅的な影響を回避し、止める方法を見つけ出してはいません。しかし、いくつかの重要な勝利を収めたキャンペーンから学ぶことはできます。

ブラジルで、彼らは腐敗した政府に対抗していました。政府は、アマゾンの熱帯雨林を「フラッキング（水圧破砕）」と呼ばれる手法を使用した石油掘削に開放することを推し進めていました。

　ここで、少し立ち止まりましょう。アマゾンは私たちの地球の肺です。世界中の酸素の20%以上がアマゾンの熱帯雨林で作り出されています。したがって、アマゾンをフラッキングすることはとても、とても悪い考えです。

　しかし、それは企業に利益をもたらします。そして、それは彼らと共謀している政府関係者に利益をもたらします。そして、彼らはそのお金で多くの国民を買収することもできます。

　2015年、中央政府はアマゾンの一部をフラッキングする権利を競売にかける計画を立てました。

　抵抗している活動家の周りには、何かをする準備ができているグループは一握りしかありませんでした。そのほとんどが先住民族のリーダーたちです。彼らはキャンペーンの戦略（ストラテジー）を必要としていました。

　主催者はグループの連合、「ナオ・フラッキング・ブラジル（Nâo Fracking Brasil）」を結成しました。それにより全国各地でオーガナイズが可能です。彼らは勉強の機会が重要であることを知っていました。しかし、行動を伴わない勉強会は運動の力の構築に繋がりません。ですから、すべての勉強会では彼らのキャンペーンの目標も伝えました。それは、地方自治体（都市、町、州）にフラッキングを止めるための禁令を通過させることです。

彼らのターゲット:決議案を可決できる地方議会。活動家たちは国家レベルで勝つための十分な力を持っていませんでした。しかし、彼らは地方レベルで勝つことができます。そして、人々が他の人々の勝利について聞くことで、勢いが生み出されると信じていました。

彼らの目標:wブラジルでフラッキングを違法、高額、また歓迎されない状態にすることで、フラッキングを止めること。禁令はクリエイティブで、法的に執行可能なものでした。彼らは、「フラッキングよって採掘された石油、フラッキングによって出た水、フラッキングによって出た廃棄物、またはフラッキングのための機器を運ぶトラックは、私たちの街の道路を通過することはできません」というようなルールを作りました。このような禁令により、フラッキングの企業のコストが急速に増加しました。

　このキャンペーンのアプローチでキャパシティー（人的資源）を増加させることができました。人々にとって、この問題が自分事になるようにしたのです。そして、地元住民に「自分の家の近所でフラッキングしたいですか？」と自問してもらいました。彼らは何十もの地域レベルの勝利を重ねました。市での勝利の後は、そこの活動家たちは州レベルに活動を移すためのオーガナイズをするでしょう。

　しかし、いくつかの都市は非常に手強いものでした。

　ウムアラマ市もそのひとつでした。近くの都市はすでに禁令を通過させていました。しかし、ある地方議員はフラッキングに強く賛成していました。2人の議会メンバーがフラッキングの禁令を提案しました。しかし、法案は全く前進しませんでした。

　数か月が経過し、1インチも前進することができませんでした。そして、状況は悪化しました。支持を示してくれていた議会のメンバーの一人が（別の）汚職スキャンダルに関わっていたと公表されたのです。

　キャンペーナーたちは行き詰ったと感じました。彼らは野党の議会メンバーと会談を続けていましたが、何も変わりませんでした。そして、彼らは支持者で公開集会を続けましたが、何も変わりませんでした。

　この地域の禁令闘争で、どうやって私たちは勝つのか？

　そして彼らは突破口を開きました。これは、「仲間のスペクトル（分布）」が示してくれるレッスンです。

　「仲間のスペクトル」は、単純なアイデアから始まります。あなたに積極的に賛成する人がいます。彼らはあなたの味方（あなたの基盤、あなたの仲間、あなたのグループ、あなたのアクティブな協力者）です。

　それからあなたに積極的に反対する人々がいます。「ナオ・フラッキング・ブラジル」にとっては、最も消極的な議会メンバー、フラッキング業界、および中央政府でした。

　キャンペーンでは、積極的な賛成派と積極的的な反対派のみに焦点を当てていると間違いを犯します。

　なぜならほとんどの人は、どちらのカテゴリーにも属していないからです！残りの人々は広く「大衆」と捉えられているかもしれません。このツールは、「大衆」という考えを細分化し、私たちのサポートが実際にどこにあるのかを見るためにあります。

仲間のスペクトル (分布)

　左側には、積極的な味方がいます。積極的な反対派は右側です。その間に、受動的な味方または受動的な反対者がいる可能性があります（あなたに同意または反対する可能性があるが、それについて何もしていない人々です。または、中立者かもしれません）。つまり、本当にまだどちらか意見を決めていない人、完全に無知な人、または真に無関心な人です。

　このツールにはいくつかの良いニュースが付いています。キャンペーンは、すべての人に同意してもらうことで成功するわけではないということです！

　成功したキャンペーンのほとんどでは、積極的な反対者の心は動かせていません。だから、彼らは好きにさせておきます。代わりに、受動的な人と中立的な人を私たちの方向に一歩動かすことで、積極的な反対者へのサポートが取り除かれます（たとえば、中立者を受動的な味方になるように動かす）。

　ああ、良かった！すべての人を変える必要はないのです。

　キャンペーナーたちは、この問題で積極的に活動している人以外を見なければなりませんでした。そして、何が必要かが明らかになりました。

　キャンペーナーたちは、多くの宗教指導者たちが傍観していたことを知りました。彼らは何もしていませんでした。したがって、「ナオ・フラッキング・ブラジル」は、プレゼンテーションを行い、公聴会に招待することで、これらの中立者に働きかけました。彼らはまた、学校やコミュニティのイベントに参加しました。

活動家は何人かの受動的な味方とも関係を持っていました。一部の市会議員、大司教、司祭、農村連合の代表者、そして尊敬されているカトリック司教。彼らに1対1で会って、「今こそあなたが積極的になるときです！」と伝えました。

彼らは中立、もしくは受動的な味方であった人々を動かしました。そして、それらの人々がサポートを示すための公的な方法を提供しました。

彼らはプラサ・ダ・ビブリアから市庁舎への行進をオーガナイズしました。それは、禁令が議決される日にタイミングを合わせました。そして、数千人が市役所に集まりました。

数は重要でした。カトリックの司教が行進を導くという絵も同じく重要でした。これまでに一度も参加したことがない人々の参加も重要でした。

議会は圧倒されました。すべての議会メンバーが禁令に投票しました！全会一致でです。誰も取り残されたくなかったのです。

このキャンペーンでは、仲間のスペクトルを認識することの力を再確認できます。

グループはめったに心変わりしない積極的な反対者に固執し、しばしば多くの時間を浪費してしまいます。

「仲間のスペクトル（分布）」というツールは、ミーティングなどで人々や他団体がその問題においてどの立ち位置にいるか考えるために使用できます。この過程で健全な議論が生まれ、リサーチの必要性が見えてくる可能性もあります。たとえば、「この問題において地域の組合の立ち位置はどこか？」。他の団体を説得するのを助けるために、誰にアプローチするべきかについての議論が浮上するかもしれません。

このツールを使用する場合は、具体的であることの重要性を皆に再認識してもらってください。「労働者」や「児童支援グループ」などの一般的な団体の種類を挙げるのではなく、特定の団体や組織の名前を挙げるのが最善です。なぜなら、「仲間のスペクトル」はオーガナイジングのツールで、あなたが誰にアプローチするのかを考えるのに役立つからです。つまり、団体リストは、皆さんがアプローチしてエンゲージメント（注5）を行うために、連絡を取ることができる人の名前とともに記載される必要があります。

　前述の良いニュースはその価値があるので、もう一度お伝えした
いと思います。私たちは、目標を達成するために積極的な味方になる
ようにすべての人を説得する必要はありません。例として、米国におけ
る奴隷制廃止運動を見てください。署名されたすべての請願書、すべ
てのミーティング、すべてのパブリック・アクションを合計しても、人口
の1%すら積極的な味方でなかったことがわかります。それでも運動
は成功しました。

　したがって、積極的な反対者を動かすことに集中する必要はあ
りません。私たちの仕事は、受動的な味方、中立者、および受動的な
反対者を、着実に自分たちの方向に動かしていくことです。そして、積
極的な味方との連携を維持していきます。

　これを書いている時点で、ブラジルの連合は400の自治体にフ
ラッキングを停止する何らかの禁令を制定させることに成功しまし
た。州は今、禁令を通過させています。そして、国レベルでのフラッキ
ングへのサポートには亀裂が入っています。

岩を動かせ！

　グループが政府をターゲットとして選択することを決めると、彼
らはロビイスト（ロビー活動をする人）のような考え方をしてしまう
という罠に時々陥ります。ロビイストは、国民が何を望んでいるかとい
うことにフォーカスしていません。彼らは、政府関係者を説得するた
めのプライベートなミーティング、高価なディナー、そして豪華なイベ
ントを催します。それらが失敗すると、彼らは役人の懐にお金が流れ
るようにします。

　化石燃料企業は、ロビー活動に何百万ドルも費やしてきました。
彼らはこのやり方に関して非常に経験豊富です。それは彼らの専門
分野です。

　では、私たちが政府の考えを変える方法とはどんなものでしょう
か？

　それは政治家を風船と見なすことによるものです。

　風船が風に浮かんでいます。あなたがそれを吹いたら、それをど
ちらか一方の方向に押すことができます。意見やスタンスを変えやす
い政治家のように、風船は風の流れに従います。

　しかし、政治家は岩に縛りつけられています。風船をたたくと、左

右に揺れるかもしれません。しかし、縛りつけられているので、動ける範囲には限界があります。風船を打つ代わりに、岩を動かす必要があります。この岩は、人々の「活性化された社会的価値観（人々の問題意識）」です。

　　政府によって、風船の紐が長くなったり短くなったりすることがあるかもしれません。しかし、政治家は、彼らがどちらの方向に、どこまで行ったら、紐が切れてしまうかを知っています。彼らが社会的規範に絶対的に反していることをした場合、それが問題になることをわかっているのです。

　　これは重要です。

　　たとえば、何年も前、私は気候変動についてあまり考えていませんでした。私は、環境を大切に思っていました。ですから、あなたが私に尋ねたなら、私は「気候変動を気にかけていた」と答えたでしょう。私には環境は大事だという価値観はありましたが、その価値観はまだ活性化されていませんでした。

　　私は問題について教えてくれる誰かを必要としてはいませんでした。必要だったのは、政治家、近所の人、同僚、友達と関わりを持つように、私がアクティブになるよう励ましてくれる人でした。友人が私に気候変動キャンペーンへの参加を手伝いたいかと尋ねてくれたとき、私は「イエス」と言いました。私の気候変動に関する価値観は活性化されました。岩を動かすにあたっての目標は、人々が自分の価値観に基づいて行動することを励ますキャンペーンを構築することです。

　　岩を動かすと、それぞれに個別に圧力をかけることなく、すべての政治家を私たちに向かって引き寄せることができます。

　　このように政治家について考えると、ふたつのことが変化します。

　　ひとつ目は、彼らが最も独裁的なシステムの中ででさえ全能ではないことに気がつきます。彼

政治家は風船のようです

　らは、自分に必要な支持をくれる人を維持する必要があります（サポートの柱について思い出してください）。

　もうひとつは、すべてのエネルギーを政治家を叩くことに費やすこともできますが、ウムアマラからの教訓は次のとおりです。活動家たちは、風船、つまり、政治家をただ叩くのをやめました。彼らは岩を動かす必要があり、それは人々がある問題に対して持っている価値観を活性化することを意味しました。

　人々は何かを信じることができます。しかし、彼らがそれに基づいて行動しなければ、政治家は気に留めないでしょう。

　重要なのはここです。ターゲットが政治家である場合、彼らの考えを変えるよう説得しようとすることだけにすべての時間を費やさないでください。少しの間、それを試すのは良いでしょう。しかし、それでも行き詰まっている場合は、彼ら（および他の政治家たち）を動かすためのより効率的な方法を思い出してください。キャンペーンを利用して、政治家が何を政治的リスク、あるいは可能性と認識するかを変えていくのです。あなたは、岩を動かすことによってそれを実現します。

　こうして、運動は成功します。どんどんより多くの人々を私たちの側に移動させます。キャンペーンを成功させると、ムーブメント全体のエネルギーが高まり、興味と興奮も高まります。そして、次の章に出てくる別の問題に対処しなければなりません。成長です。

第３章：成長
Chapter 3: Growth

オーガナイザーは、常に無限の「やることリスト」を持っています。進捗を把握しておくことがたくさんあります。たとえば「次に誰に電話をする？」、「次のキャンペーンはいつ発表しよう？」、「ウェブサイトを直さないと」、「グループ内での対立に対処しなくては」などです。

そして、成功したアクションは、何よりもこのリストを長くします！アクションが終わった後、計画するべき事柄は山ほどあります。より多くの人々が（運動を）助けたいと思っています。より多くの要求がオーガナイザーに課されます。

優れたオーガナイザーとは、やることリストを完了した人ではありません。そのリストを優雅に管理できる人です。次に何をするかについて、良い選択をできる人です。

そして、優れたオーガナイザーでいることは、このリストを手伝ってくれる新しい人々を見つけることを意味します。

つまり、成長するために（組織の）構造を発展させる必要があるのです。そのエネルギーを吸収してより多くのキャパシティに変える方法が必要です。

あなたの団体は、理事会と資金提供者で構成された公式な組織かもしれません（ブラジルのキャンペーンのように）。あるいは、緩いネットワークかもしれません（モンゴルの若者組織のように）。または、それは数人の友人かもしれません（私の反発泡スチロールのキャンペーンのように）。

しかし、（どんな組織であれ）成長に対処する方法が必要です。

1960年2月に座り込み運動が開始された直後のアメリカの公民権運動を見てみましょう。キャンペーンは、隔離された食堂に座った4人の黒人男性が始めました。彼らは暴力をもって、サービスを拒否されました。

数週間のうちに、学生の座り込み運動が全国的に拡大しました。一部のグループは、成功しました。一部のグループは、残忍なギャングの手によって失敗に突き当たりました。しかし、何百人もの黒人、白人の若者が座り込みに参加し、そのキャンペーンモデルを試していました。

　これはエラ・ベイカーのような公民権運動の指導者たちの注意を引きました。エラ・ベイカーは、草の根で起こっていることに耳を傾ける長年のオーガナイザーでした。彼女は全米での学校改革と市民権、そして女性の権利のためのキャンペーンをオーガナイズし名声を得ていた人でした。彼女は最高の意味でオーガナイザーでした。人々のエネルギーに従い、リーダーを育て、常に「強力なリーダーを育てれば、強力な組織は必要ない」という姿勢を持っていました。

　その後、マーティン・ルーサー・キング・ジュニア博士の組織である「南部キリスト教指導者会議 (The Southern Christian Leadership Conference, 以下SCLC)」で働いていました。彼女は座り込み運動について、キング博士に警告しました。

　若い人たちは新しいエネルギーを表現しています。彼らは規律があり、非暴力であり、タクティックをエスカレートさせています。彼らは、単一のリーダーを信じず、ミーティングのファシリテーションは交替性にしていました。彼らは大胆でした。人を奮い立たせて、（運動に）うねりを作り出しました。彼らは、この運動に新しいエネルギーと緊急性を注ぎこみました。

　また、彼らの活動は、カオス的で組織化されていませんでした。方向性がはっきりしておらず、お互いの関係もほとんどありませんでした。

　だから、エラ・ベイカーがキング博士に座り込み運動のリーダーの全国的な集まりをまとめるように説得したとき、神経質になった若者もいました。彼らは、年上でより慎重なグループに乗っ取られるのではないかと心配していました。主流のグループが、自分たちが尊重されるべきだと思っているのを知っていたのです。

　キング博士も彼自身懸念を持っていたので、説得される必要がありました。座り込み運動の若いリーダーたちは、キング博士と他の人たちが行ってきた活動から多大な恩恵を受けていました。公民権運動のリーダーたちと活動家たちは、座り込みのオーガナイザーが植えている種が蒔かれるための土を、これまで耕してきたのです。キング博士は莫大な個人的犠牲を払い、以前は敵対的だった領域へと道を切り拓いてきました。彼は以前のキャンペーンが作り出したメディアの注目と同盟関係なしには、この座り込み運動が成り立たなかったことを知っていました（実際、何年も前に起こった座り込みの勢いに火が付くことはありませんでした）。

　座り込み運動のリーダーの多くは、キング博士を崇拝していました。でも、彼を嘲笑う人もいました。彼らは彼を「ダ・ロッド（注6）」と呼び、彼の注意深いアプローチについて冗談を言う人もいました。キング博士は、若者の「自分たちがすべての答えを持っている」という感覚のせいで、他の人とうまく協働するのを難しくするのでは、と心配しました。

　このような世代間の緊張は、運動における一般的なダイナミクスです。これを目撃したときは、リラックスすることです。「これはどんなグループでもたまに起こることだ」と。これが過度に個人的で卑劣でない限り、成長のチャンスとすることもできます。

　ミーティングは実行されました。キング博士が話しました。運動の他の長老たちも話しました。暗黙の目標は、若者をキング博士の組織、「SCLC」に組み入れることでした。

　エラ・ベイカーは、彼女の団体での役割を超えて動きました。彼女はプライベートで学生たちに彼ら自身の組織を発展させるよう強く要請しました。彼らがより古臭い「SCLC」に従うならば、彼らのエネルギーが奪われるだろうと感じたのです。

　彼女は座り込み運動のオーガナイザーに送金し、公式の（そしてしばしば非公式の）サポートを提供するために、地域の「SCLC」支部のリーダーたちをオーガナイズしました。そして、座り込み運動のリーダーたちと、彼らがどのような運動の構造を構築したいかについて一晩中何時間も話しました。

　座り込み運動のオーガナイザーは、（運動の）構造と名前を決定しました。彼らは、象徴としてのキング博士とSCLCのトップダウンの構造を使用しないことにしました。代わりに、リーダーを交替性にし、全員がグループミーティングに出席するようにしました（これは、ミーティングが遅くなり、たびたび翌朝に終了することを意味していました！）。名前は、「学生非暴力調整委員会（the Student Nonviolent Coordinating Committee、以下SNCC）」に決定しました。この名前は現在では、黒人が投票を許され、投票妨害戦術の停止を確実にするための重要な立法を勝ち取った団体として、知られています。

運動にはストラクチャー（構造）が必要

　　エラ・ベイカーは、運動の仲間であることについて、いくつかの重要な教訓を示しました。彼女は指示しませんでしたが、従うだけでもありませんでした。彼女は、自分の組織における役割に基づいて動くのではなく、この若者のグループが何をしたいのかに耳を傾けました。彼らが知る前に、彼らが何を必要とするかを先見しました。彼女は集まる機会を設け、乗っ取りから保護し、資源を与え、いくつかの詳細についてのコーチングなど運動構築のサポートをしました（彼女の場合、すぐに「SCLC」を辞め、「SNCC」に加わりました）。

　　しかし、ストラクチャー（構造）を作ることは、すべての運動グループにとって必要かつ重要です。

　　米国の「化石燃料ダイベストメント学生ネットワーク」は、座り込み運動が直面した課題に直面していました。彼らには前進していくためのストラクチャーが必要でした。

　　各地で、化石燃料から大学がダイベストすることを目的としたローカルなキャンペーンが実行され、個々に動いていました。素晴らしいものもあれば、驚くべきものもありました。まあまあなものもあれば、苦労しているグループもありました。

　　しかし、運動全体として、お互いから学ぶ方法がありませんでした。各々のグループ内でのメンバーの学習方法を発展させて、全体的な運動の戦略に変更を加える方法がなかったのです。

　　若者のオーガナイザーの一人であるベッカ・ラストは、次のように説明しています。「学生が学び、成長し、トレーニング提供者になる組織を作る必要がありました」。これを確実にするために、彼らは活発な学生で構成された「化石燃料ダイベストメント学生ネットワーク」のための全国調整機関を結成しました。この調整機関は、若者主導の運動が引き続き若者主導のままであることの助けになりました。

　　混乱を最小限に抑えるために、役割が明確にされました（ただし、混乱は常にあります）。全国調整機関は、地域の戦略やストラクチャーを決めることはしません。全国調整機関は全国規模のアクションを決定します。全国の代表としてのスポークス・パーソンを選びます。全国的な集まりやトレーニングをオーガナイズしますが、地域のメンバーが参加するかしないかを選択できます。

　これは彼らの文化に合っていました。アメリカの学生ダイベストメント運動の文化は、トップダウン色の強いストラクチャーを受け入れられなかったでしょう。しかし、ストラクチャーは、彼らの取り組みを前進させるのに必要とされる明確さを十分備えている必要がありました。

　そして、このストラクチャーは功を奏しました。

　最初の一年の間に、学生は全国的なマーチに参加しました。マーチはより広範な連合の一部でしたが、若者の参加者は非常に多く、50,000人を数えました。（マーチの前、）地域のグループは地域のキャンペーンに集中していましたが、全国調整機関はその瞬間に備え、準備を進めていました。

　マーチの前日には、若者の集まりの一環としてダイベストメント運動のワークショップを開催しました。全国の運動に参加するために（そしてローカルのキャンペーンにも参加するために）可能な限り多くの若者に連絡を取り、登録してもらいました。その直後に、力の逆三角形、オーガナイジングの方法、公正な移行の枠組み、反人種差別のワークショップなどのトピックについて、全国で8つのトレーニングが行われました。

　彼らの全国的な集まりのエネルギーは、ローカルの活動に逆流していきました。結果として、ローカルグループの数が増えました。彼らは国とローカルの間に別の層、リージョン（広域地域）を加えなければなりませんでした。この構造を、その形からスノーフレーク（雪の結晶）モデルと呼ぶ人もいます。

　使用するストラクチャーに関係なく、このストーリーには新しい人を運動により上手く取り込むためのいくつかのレッスンがあり、これはどのグループでも役立つでしょう。

アクト・リクルート・トレイン

　「ダイベストメント運動学生ネットワーク」が教えたモデルの一つは、「アクト・リクルート・トレイン」モデルです。

　私たちはアクションを実施します（次の章でそれらについてさらに話します）。そうすると次は？もっと積極的に参加したい人がたくさんいる状態になります！

　だから、大きなアクションの直後（およびその最中！）に、彼らをリクルートします。リクルートはあなたが行うことであり、他の人たちにやってもらうことではありません。だから、「登録してくださーい！」と大衆に向かって呼びかけないでください。その代わりに、誰かに話しかけ、あなたの携帯電話を取り出して、そこから参加してもらいます。すべてのアクションでサインアップ・シートを渡し、誰かにパソコンでコンタクト・リストに入力してもらいます。たくさんのコンピューターを用意して、人々が特定のタスクにボランティアの志願ができるようにします。

　大規模な気候マーチの直後、学生たちは到着した数千人をオーガナイズする計画を立てました。たとえば、地元のスワースモア・カレッジの主要な支部のひとつは、マーチに行くために約200人をオーガナイズしました。帰りのバスでは、オーガナイザーが大行進のわずか4日後に行われるトレーニングに参加するようチラシを配りました。

　なぜ、このモデルなのか？

　「鉄は熱いうちに打て」という言葉があります。それはあなたが得る最も良いオーガナイジングのアドバイスのひとつです。

　人はエネルギーを感じているときに何かに参加します。2週間待つと、他のことが頭に浮かんできます。あなたは彼らのエネルギーを捉え、そのエネルギーの出口をすぐに与えるのです。一部の人は実際には付いてきてくれないことを理解した上で、あなたはこれを行います。関わったアクションから可能な限り多くの人々をキープしようとするのです。そうしないと、彼らはキャンペーンに入ることなく、日常の生活に戻っていってしまうからです。

　スワースモアの学生とニューヨークに行った200人のうち、50人がトレーニングに参加しました。そして、そのうちの3人がローカルのグループのコアメンバーに加わりました。

　トレーニングが非常に重要な理由のひとつは、トレーニングが教えることと同時に学ぶことだからです。これは、スキルと政治的枠組みを伝え、リーダーを育成し、より公平に仕事をシェアする方法です。トレーニングがなければ、私たちの運動は学習曲線が緩くなります。そうなると、運動は、政治状況やターゲットの戦術の変化に適応することができません。

　アクション（またはトレーニング、リクルートの戦略）を計画する場合は常に、先を見据えて、「アクト・リクルート・トレイン」のサイクルが計画されていることを確認することが役に立ちます。そうすれば、新しい人々を迅速に取り込むことができます。

リーダーシップにおける窓のブラインド理論

　役割と、誰がどの決定を行うかについて明確にすることは、非常に役立ちます。「ダイベストメント運動学生ネットワーク」で、彼らは明確な境界を持つ全国レベルの組織を作りました。それは全国レベルの問題を扱いました。ローカルの戦略を決定するものではない、などです。

　これらの境界を表示するひとつの方法は、「窓のブラインド理論」です。

　あなたがローカルグループのボランティアだとしましょう。ブラインドで覆われた窓の部分は、あなたが許可なく勝手にできない部分です。リーダーに問い合わせないと、ファンドレイジング（資金調達）・レターを送れないかもしれません。窓の残りの部分、ブラインドで覆われていない部分は、許可なく実行できるものです。たとえば、あなたは請願書の署名を収集したり、Facebookの投稿を書いたりすることができます。

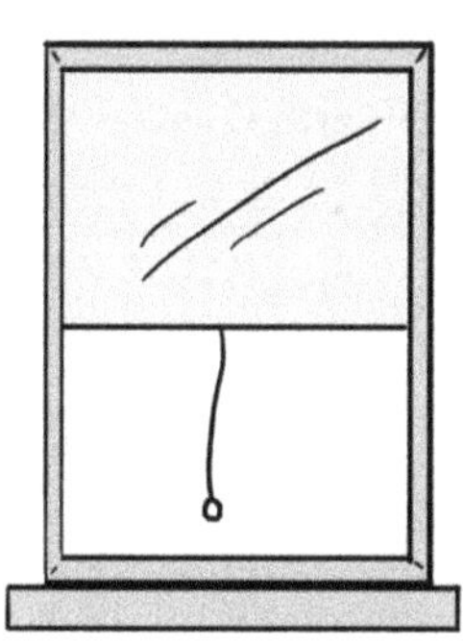

リーダーシップにおける窓のブラインド理論

　ほとんどのグループでは、このブラインドは定義されていません。その場合、リーダーによってブラインドが上下します。リーダーがリラックスして開放的な気分のときは、おそらくブラインドが上がります。したがって、ボランティアは自分たちで多くのことを行うことができます。

　あるいは、アクションがうまくいかず、リーダーがより統制しなくてはならないと感じているかもしれません。彼らはブラインドを下ろします。

　　ボランティアを（そしてお互いを）最も速くバーンアウト（燃え尽き症候群）させてしまう方法のひとつは、窓のブラインドを上下に動かし続けることです。

　　あなたが全国レベルの組織であろうとローカルグループのリーダーであろうと、メンバーが自分でとることができる行動をリストアップすることが役に立ちます。そして、彼らにそれに向かって進んでいってもらうのです！

「自分たち」の中核となる価値観を明確にする

　　多くの場合、運動の構造は明確さを欠いています。それは、私たちが会費制のメンバーシップ、役職、正式な構造に基づいて集まっているのではなく、共通の価値観に基づいて集まっているからです。

　　彼らがあなたのグループの一部であると誰が言うのですか？誰がメディアに対してグループを代表することができますか？政治家に？資金提供者へ？

　　その中心には「私たちは何をしようとしている人たちなのか？」という問いがあります。

　　私が住んでいる地域の「アース・クエーカー・アクション・チーム(Earth Quaker ActionTeam)」というローカルグループの会議を覚えています。その会議で、1人の女性メンバーが手を挙げ、こう言いました。「私は『アース・クエーカー・アクション・チーム』の一員ですか？」これは多くの運動で繰り返し起こる場面です。

　　私たちは誰ですか。

　　当時、私は「はい、あなたが私たちのキャンペーンの目標を支持し、それを実現するために私たちと協力するなら、あなたは私たちの一員です」とわかりやすく答えました。それは完全な答えではありませんでした。私は彼女ともっと時間をかけて、私たちの価値観を説明するべきでした。私たちは非暴力的な直接行動を信じていました（つまり、私たちは伝統的な選挙活動をしなかったのです）。私たち全員がクエーカー教徒ではありませんでしたが、その信仰の伝統に頼っています。

　　言い換えれば、私は時間をかけて私たちが誰であるか、私たちが何を支持するかという質問に答える手助けをする必要があります。私

たちは最前線のコミュニティとどのように関係していますか？正義と
平等についてどう話しますか？

　これらの質問を解決しようとする多くのプロセスを見てきました。
そして、最もうまく機能しているように見えるのは、それらを介して話
す多くの対面式の会話です。

　一部の人々は、これらの概念を人々に紹介するためにミッション・
ステートメント（グループが存在する目的を書いたもの）を作成しま
す。その他の人は、非公式および口頭のチャンネルにのみ依存してい
ます。しかし、ムーブメントに参加するために必要なことを人々が理解
できるように、支援する必要があります。そうすれば、彼らは誇らしげ
にあなたの運動の一部になることができます。

エンゲージメントのはしご

　成長するグループはある課題に直面します。多くの場合、オーガナ
イザーたちがグループのタスクの大部分を行い、なんでもかんでもや
ることに疲れてくるのです。

　彼らは、「アクト・リクルート・トレイン」モデルを設定しました。彼
らは新しく入ってきた人のための「窓のブラインド」について考えま
す。そして、彼らのコア・バリューを新しい人々と共有します。

　疲弊しているオーガナイザーにある選択肢のひとつは、ますま
す犠牲を払い続けることです。睡眠をあきらめたり、学業や仕事を犠
牲にしたり。社交するのをやめ、何をやっても活動と関連したものに
なります。

　ほとんどの人にとって、それは持続可能ではありません。

　では、代替案は何ですか？

　新しく入った人たちにリーダーシップを取ってもらうのです。

　南アフリカのフェリアル・アダムの物語がその例です。彼女は草の
根で人々と協力し、環境正義のための団体に参加していました。主に
女性がリードしているグループで、「自由基本電力」と呼ばれる政
府の政策に反対していました。その政策は、政府が貧しい世帯に一定
量の電力料金を支払うことを保証します（現在50 kWh、米国の平均
的な家庭が使用する電力の約5%）。

　エネルギーへのアクセスの欠如は、しばしばその地域を貧困に運
命づけるため、これは大きな問題です。たとえば、電力が不足してい

る人は、炭素を多く含むパラフィン、ろうそく、または木の伐採に依存しています。これらは環境や健康への悪影響の原因となります。

　この政策は、成功した社会正義の政策として広く認識されています。しかし、この政策の影響を最も強く受けた人々は議論に参加していませんでした。そこで、フェリアルは各世帯への実際の影響の調査研究のために、ヨハネスブルグ市の貧しい地区に通い始めました。

　彼女はそのような人々がいたところから始めました。彼女の最初のステップは、すでにエネルギーに関する困難に熱心に取り組んでいる女性のグループを見つけることでした。作業の意図と必要性を説明することから始めることが重要でした。彼女は電気の使用量に目を配ってもらうことから始めました。彼女は主に家庭を回す役割を担っている女性との関係構築に時間を費やしました。さまざまな家庭用品のエネルギー消費量を計算する方法を人々に教えるには、毎週のワークショップを何ヶ月も行うことが必要でした。

　そして、報告書は完成しました。彼女は国の機関で報告書を発表する役割を担うこともできました。しかし、電力料金の増加についての公聴会が計画されたとき、フェリアルが一緒に働いていた人々は（報告書の発表だけでなく）もっと何かをしたいと言いました。そこで彼女は、自ら証言しませんか、と尋ねました。女性たちはそのチャンスに飛びつきました。フェリアルは、「人々が公聴会に出席し、政府が電力料金を引き上げるべきではない理由について、団体として意見を述べるのを見るのは最高に素晴らしく力強かったです」と述べています。

　彼女たちは組織の一部となり、彼女たち自身のリーダーシップを発揮しました。フェリアルは彼女たちのために電力消費量を計算していなかったですし、報告書を書いて国の機関の前で話すこともしませんでした。彼女はオーガナイジングをしていたのです。彼女は、人々が自分のために自分でできることはしませんでした。

　何ヶ月にもわたるエンゲージメントのステップを踏んでいく中で、女性たちは支えられていました。このようにして、彼女たちは自身の電力使用と国の政策、そして気候変動の影響に関する専門知識を得ました。各ステップが、証言することにとどまらず、自分たちが強力なコミュニティ活動家であるという自信を高めました。

エンゲージメントのはしご

　このコンセプトは「エンゲージメントのはしご」と呼ばれます。女性たちは、最初のステップとして証言する準備ができていなかったでしょう。代わりに、自分たちの状況についてもっと学ぶ必要がありました。次に、お互いの話に耳を傾け合い、彼女たちが一人ではないことを確認する必要がありました。

　私たちが「素晴らしいことをしていますね。何か手伝えることはありますか?」と人々に言われたときに、このはしごは何をすべきかを考えるのを助けてくれます。

　私たちは頭の中に、やるべきことリストと実施されるべき事柄の数々を持っています。でも、それが出発点ではありません。私たちはその人の視点から考えなければなりません。それは、おそらく、私たちの最初の対応が「あなたがやろうとしていることについて話しましょう」であることを意味します。そして、彼らが喜んで我々を助けてくれるかもしれないタスクの種類を見つけますーーつまり彼らの興味と関与に一致するものです(私たちの、長い「やることリスト」ではありません)。

　すべての人に当てはまる方程式はなく、人それぞれ、得意不得意があるのです。一部の人々は電話をかけることに絶対的な恐怖を持っていますが、喜んで直接的な市民的不服従での危険を冒すでしょう。だから、彼らの興味について話すことは重要です。

エンゲージメントのはしごを念頭に置いて、グループの新しい活動家について考えることは、彼らの次のステップについて考えるのに役立ちます。そして、フェリアルがしたように、私たちは彼らのコミットメントと関与のレベルを高め続けるためのステップを提供することができます。これにより関係が深まり、人々がエンゲージメントのはしごを上ることができるようになります。これは、あなたのグループの関与を増やしていく方法でもあります。

あなたの交友関係の外の人をリクルートする

もちろん、より多くの人々をリーダーシップに導くには、キャンペーンの目標や現在行っている作業について、人々と多くの会話をする必要があります。信頼を築く必要があります。

そして、あなたはその人たちを見つける必要があります！

問題について同じ方法で話すことに慣れているため、新しい人を誘うことが時々難しくなる場合があります。あなたが慣れ親しんでいる気候変動についての話し方があるかもしれません。

でも、あなたがリクルートしたい人は、気候変動についてそんな風に話さないかもしれません。気候変動に興味はないかもしれませんが、猫には興味があるかもしれません。（それなら）気候変動がノミ、ダニ、蚊の生息地域を拡大していることを彼らに伝えることができます。それはペットにとって悪いニュースです。ウェストナイル、ライム病、そして犬糸状虫のような新しい病気の脅威にペットをさらしてしまいます。

または、もしかしたらその人はサッカーに興味があるかもしれません。気候変動がすぐにサッカーをできなくさせることはありませんが、それはゲームを変えるでしょう。不安定な気象現象が増えると、雪に覆われた2013年のアメリカ対コスタリカのワールドカップ予選試合のようなゲームをより多く観戦することになります。それは散々なものでした。または、気温の上昇とともにジカ熱（およびその他の病気）の蔓延が増加するため、ブラジルの以前より高い気温が2016リオ・オリンピックを中止にさせる恐れがありました。

　もしかすると、ただ怒るのが好きではない人がいるかもしれません！気候と紛争に関する研究では、気温が上がると個人間の争いが増加することが示されています（増加率は友人の間では2%、交友圏の外では11%）。そのため、高い気温は多くの怒りを生み出します。

　しかし、気候変動についてもっと柔軟に話すことができたとしても、多くのグループは、自分たちの問題に情熱を傾けているすべての人々にアプローチをしたと誤って信じていることがよくあります。「私の学校には気候変動に興味を持っている人は誰もいない」。多くの場合、問題は、私たちの市や小さな町の可能性を使い果たしたことではありません。問題は、私たちがオーガナイズしている方法です。

　リクルートに関して言えば、私たちの多くは、人々を単に個人の集まりとして捉えています。私たちはそこに散在している人々からリクルートすると想像します（下図の左側）。

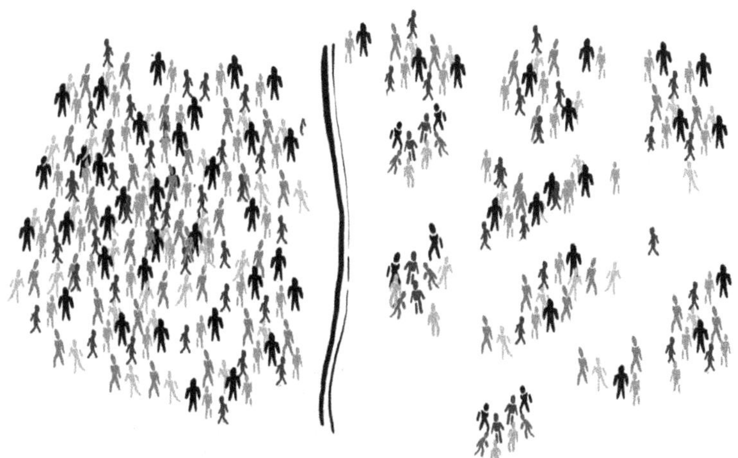

社会は個人の集まり vs 交友の輪の集まり

　現実は違います。ほとんどの人は、単に個人としてグループに惹かれているわけではありません。質問してみると、チラシを受け取ったり、メールを受け取ったり、ポスターを見たり、Facebookの投稿を見たりして活動に関わるようになった人はほとんどいないことがわかります。ほとんどの人は自分が知っている人が個人的に誘ってくれたことからグループのメンバーになったり、（活動に）関わり始めるのです。それは、社会が「交友の輪」の集まりとして、よりよく理解されているためです（上図の右側）。

　交友の輪は、宗教的コミュニティ、ギャング、近所づきあいの多い地域など、公式または非公式のグループとして組織作られている場合があります。ソーシャルメディアは、何倍にもなる、友達の友達である人の数を教えてくれるでしょう。

　グループを構築する最も簡単な方法は、友達や家族のネットワークにいる人を誘うことです。あなたに「イエス」と言う可能性が最も高い人たちです。でも、グループは、元々の交友の輪のメンバーの最大人員の可能性に達すると、成長を停止してしまいます。その交友の輪の内部で継続的に誘い続けても、より多くの人々を連れてくることはできないかもしれません。コツは、あなたの交友の輪から飛び出し、他の交友の輪に繋がっている人々を見つけることです。

これを行ういくつかの方法：

- あなたの交友の輪の外の人々のイベントやミーティングに参加します。これは、他の人と出会い、彼らがどのように活動し、彼らの価値観が自分たちのキャンペーンとどこで重なっているのかを知る絶好の機会です。

- これまでいつも行ってきたアクションをやめ、さまざまなオーディエンスにアピールできる新しいアクションを試してください。あなたのアクションが、マーチ、ストライキ、そして大規模で破壊的な直接行動であり、それが機能してない場合は、現状を再確認し、アクションを適応させる必要があります。私たちの行動が儀式化すると、予測可能で退屈なものになってしまいます。人は新鮮で興味深いグループに参加したいと考えています。

- 他のグループがあなたの運動に対して歩み寄っているようなときは、それに気づき、彼らにフォローアップをしてください。たとえば、普段、消極的な企業や政府が私たちに歩み寄る姿勢を見せている場合、もしかすると彼らの何人かとは関係の構築ができ、そのことで物事をより速く動かせるかもしれません。

- 他の運動やグループのリーダーと一対一のミーティングをたくさん行います。リクルートするためではなく、彼らから学ぶために、さまざまな人々と会ってください。彼らの価値観はどんなものですか？何に興味がありますか？彼らのような人をリクルートするには、どんなストラテジー（戦略）が必要ですか？

- ボランティア活動をします。ガンジーは、彼が「建設的なプログラム」と呼んでいるものの大ファンでした。これは、私たちが望まないものに対してキャンペーンするだけでなく、私たちが望むオルタナティブ（既存のものに代わる何か）を構築することも意味します。気候災害は、大規模および小規模に私たちが関われる機会を提供します。被災者やその他の地域社会に根ざしたプロジェクトへの直接の奉仕によって、物事をより良くしたい人たちと肩を並べて動くことができます。彼ら以上にあなたのキャンペーンへのお誘いの台詞を聞いてくれる人はいますか？

交友の輪の外で成長するには時間がかかりますが、成功するグループを構築するには、努力に値する行いです。

第 4 章 タクティック（アクション・戦術）
Chapter 4: Tactics

私はタクティックについて考えるのが大好きです。タクティックとは、マーチ、ストライキ、座り込みなど、私たちがオーガナイズするアクションやイベントです。ここでは、タクティックとアクションは同じことを意味しています。

一部の人は、アクションがキャンペーンを形作るものだと思っています。でも、私はそれが真実だとは思いません。人間関係こそキャンペーンを形作っていると思うからです。

アクションが担うこととは、私たちがこれらの関係性の中で抱いている感情を表現することです。アクションは、運動の参加者のトーン（雰囲気）を表現します。私たちは怒っていますか？軽やかな気持ちですか？私たちは緊急かつ深刻に感じていますか？

アクションは、言わば一種の幅広いコミュニケーションのようなものです。より広い聴衆、つまり、仲間のスペクトルのさまざまな位置にいる人々とコミュニケーションを取ります。アクションは、私たちが何かを考えたり信じたりすることから、実際に何かを行うことへと移行する方法です。

だから、アクションは、同時に力にも関係しています。アクションは私たちが力を発揮する場所であり、そのようにして、ターゲットに正しいことをするように圧力をかけるのです。

ヨータム・マロムは経験豊富なオーガナイザーであり、ニューヨーク市の金融街、ウォールストリートの占拠から始まったオキュパイ（占拠）運動のリーダーでした。オキュパイ運動は、現在の経済システムへの不満を顕在化し、政治と経済システムの舵取りをしている人口比1%の人間の責任を真っ向から追及しました。

彼は、タクティックに関するいくつかの重要な考察を含む、この運動のいくつかの欠点について書いています。

「オキュパイ・ウォール街運動」がうまく機能した理由の大部分は占拠でした。それは私たちの怒りとビジョンを捉える方法を生み出し、人々を結びつけ、オーガナイジングについて学ぶ理由を与えました。占拠は私たちのターゲットを非難し、日常にあるルールを打ち破りました。そして占拠は広まることが可能なデザインで、少なくとも理論的には誰でも運動の一部になることができました。

しかし、それは私たちの勢いがなくなってしまった理由の一部でもありました。私たちは単一のアクションに縛られていたため、柔軟性が低下しました。このタクティックは維持するのが難しく、莫大なエネルギーを要し、常に地域の状況にマッチするとは限りませんでした。ウォール街の雄牛の像から数ブロック離れた私たちの占拠は特定の物語を語っていますが、インディアナ州の食料品店の外にある駐車場の占拠は何を物語っているでしょうか?

私たちはこのアクションに依存しすぎていたため、新しい人をリクルートしてオーガナイズするための他の効果的な方法を開発していませんでした。言い換えれば、タクティックが運動になっていたのです。そしてそのアクションは人々にとって本来の意味を失い、そしてまた私たちの敵に私たちをバラバラにする明確な方法を与えました。タクティックが運動になった場合、タクティックを潰すだけで、運動を同時に潰すことができてしまうのです。

　単一のアクションに関連づけられ過ぎている運動は、即興の能力を失います。誰もが自分たちが知っていることに慣れすぎてしまう可能性があります。そして、何か新しいことをするのにはリスクが伴います。何か今までと違うことをする場合、それがポジティブに捉えられないかもしれませんし、私たちが前にやっていたことを好きだったかなりの人たちを失うかもしれません。

　しかし、同じタクティックを何度も何度も使用すると、通常、同様の（またはより小さな）結果を得ることになります。そして変化を起こすには、物事を揺さぶる必要があります。

　私が一緒に働いたあるグループでは、マーチや集会を絶対にしないことを誓いました。なぜでしょう？新鮮さを保ちたかったからです。私たちが反対者にとって、彼らが今までに一度も見たことのないような存在になることを、確実にしたかったからです。彼らのバランスを崩し、私たちが何をするのかまったく予想がつかないようにしたかったのです。そこで、私たちは何十もの新しいアクションを創作しました（そして、実際には、いくつかのマーチと集会も行いました）。

　ここにあなたが聞いたことがないかもしれないタクティックのほんの数例を挙げます。

＜ホンク・イン＞　レバノンでは、市民が国会議員に車のクラクションを鳴らして、「あなたの時間は終わった」と伝えました。このタクティックは、国会議員がどこへ行ってもクラクションを鳴らされるまでに拡大しました。行く先々でクラクションを鳴らされないようにするために、ナンバープレートを変える議員もいたほどです。

＜ピカチュウの行進＞　日本の安倍晋三首相（当時）は、気候危機を食い止めるために必要なリーダーシップを示していませんでした。そこで、大阪でのG20の会議の間に、大きなピカチュウの衣装を着た人々が、マニラの日本大使館に向けてマーチを行いました。

＜裸にストリップ＞　ウガンダ北部では、植民地だった時代から土地紛争が続いています。金持ちの実業家が土地の所有権を不法に主張し、それに対し、抗議が噴出しました。警察が呼ばれ、ビジネスマンの方の味方につきます。そこで、コミュニティの住民は、道を封鎖しました。警察と軍の兵士は、そこを無理矢理通ろうとしました。そのとき、何人かの年配の女性が裸になったのです。これは　文化的に強力な呪いを意味し、見るに恥ずべきことです。一目で、取引に関与した大臣は涙を流し、やめるよう懇願しました。その後すぐに、コミュニティは彼らの土地の所有権を取り戻しました（そして、兵士の何人かは謝罪しました）。

＜ツイッター・ディベート＞　ケニアでは、ラム石炭火力発電所と闘うグループが「ツイッターディベート」を主催しました。決められた時間に、主催者はトピックを提案します。その後、メンバーはツイッターでこの問題について議論しました。この方法で、異なる大学の人々が同時に参加することができました。これは、人々の議論に触れる良い機会でした。そしてメンバーの知識を増やし、新しい人々を運動に引き込む良い準備となりました。

＜フラッキングの魔法＞　ブラジルでのフラッキング（水圧破砕）

に反対するキャンペーンが拡大しました。政府がフラッキングのために土地の一部を競売にかけようとしたとき、オーガナイザーは奇抜な考えを思いつきました。マジシャンは不可能なことを実現します。そこで、「環境を破壊することなくアマゾンの熱帯雨林を破砕する」と言って、政府当局者がマジシャンのふりをしていると考えました。そこで彼らは、オークションを中断して手品を行い、会場に魔法のラメを投げかけることにしました。（彼らは実行直前まで進みました。しかし、政府がこのアクションの知らせを受け取り、和解交渉をしたのでやめました。オーガナイザーたちは、この合意は大成功であったと考えています）。

アクションにはトーン（雰囲気）がある

これらのアクションにはすべてトーン（雰囲気）があります。

ブラジルの反フラッキング活動家たちは皮肉に溢れ、面白かったですが、ウガンダの土地を守る活動家は非常に真面目で深刻でした。あなたは、自分を殴打した警察の庁舎の前でアクションをする「オトポール」の活動家になることを想像できますか？これを実行するためには非常に勇敢である必要があり、同時に、彼らは非常に深刻かつ挑戦的で怒りに満ちた方法で行いました。

アクションを開発しているときに、私たちはトーンを選ぶことができます。そしてこれが、運動を通して人々が気持ちを表現する方法となるのです。

シンプルなマーチを考えてみてください。これは、人々がある場所から別の場所に移動するタクティックです。

しかし、トーンは非常に異なる場合があります。

＜水は生命である (Water is Life) ＞ カナダの抗議者たちは、新しく選出されたジャスティン・トルドー首相に圧力をかけることにしました。それは、彼が当選してからほんの数日後でした。でも、彼らは待ちたくありませんでした。すぐに彼に圧力をかけたかったのです。そこで、数日にわたって、彼の家の外に立って、彼に、気候の取り組みにおいてリーダー的存在になるように頼みました。

毎日、抗議者は先住民の指導者からの祈りによって導かれました。 3日目、抗議者たちは水を運びました。水は、化石燃料企業が土地から資源を搾取しようとしている脆弱な地域から持ってこられました。人々がトルドーの邸宅に行進すると、涙の祈りと心を満たす水の物語が響き渡りました。

　この時のトーンは厳粛なものでした。

＜熱を上げろ(Raise The Heat)＞　オーストラリアでは、ガリラヤ盆地にある9つの新しい石炭火力発電所を停止するための大きな闘いがありました。敵対的な政府と強いつながりのある石炭会社を前に、止めるのは簡単なことではありません。抗議者たちは、発電所を停止するために、プロジェクトに資金を提供している銀行をターゲットにすることを決定しました。

　一番大きな銀行のひとつはコムバンク(CommBank)でした。そして、「熱を上げろ」アクションの1週間の間に、キャンベラ市の抗議者たちは黒いフォーマルな服と黄色のスカーフまたは帽子を着用しました。彼らはコムバンクのオフィスに向けての生き生きとしたマーチのために打楽器を持ってきました。そして、偽の石炭でいっぱいの棺を持ってきました。この死の投資を象徴するためです。

　アクションには音楽があり、真面目でありながら希望に満ちたものでした。トーンは未来志向で、石炭のない世界の前向きなビジョンを表していました。

＜ドラキュラ戦略＞　フランスでは、新しい化石燃料プロジェクトを止める圧力が高まっていました。抗議者たちは、フラッキングを止めるために数年にわたるキャンペーンを行ってきて、さらに多くのキャンペーンの準備ができていました。そんな中、活動家たちは、化石燃料企業が海洋掘削に関する大規模なサミットを主催すると知ったとき、チャンスだと思いました。　トータル、シェル、BP、エクソンモービルなど、すべての大手化石燃料企業が出席する予定です。

　350のオーガナイザーであるニコラス・ハーリガーは、この戦略を「Les vampires sont tués par lumière」と表現しています。これは「吸血鬼は光によって殺される」という意味です。彼らは、これらすべての卑劣な会社の会議の認知度を上げるために、非常に対立的なアクションを行うことを決めました。活動家は、座り込みと主要な道路の封鎖を計画しました。マーチもここに追加し、警察のバリケードを乗り越えてこの会議に侵入しようとする試みまで発展したものもありました。

　この場合、マーチは対立的であり、怒りに満ちたものでもありました。トーンは反抗と怒りでした。

＜脅迫的な感謝＞　私は、消極的な市議会が私たちが彼らに求めた（ほぼ）すべてのことを実行したキャンペーンに参加していました。彼らは間違いなく私たちの味方ではなかったので、それは奇妙なことでした。しかし、彼らは私たちからのプレッシャーを感じ、要求に屈したのです。

　その年の終わりに、私たちは彼らにまだプレッシャーがかかっていることを知らせる行動を取りたいと思いました。しかし、彼らは敵対的な標的ではありませんでした。そこで、私たちは何をしたでしょう？

　ダンボールで「Standing with the People（人々と共に立ち上がる）」賞を作成しました。市議会議員ごとに一つずつ作成しました。私たちは市役所の外でマーチをしてから、通常業務を行なっている市議会に入りました。そして議長に叫びかけ、会議を中断し、彼らに賞を与えることを発表しました！警察が私たち全員の退出を促しに来る前に、素早く各議員にそれぞれに宛てた賞を与えました。

　それは励ましと脅威のメッセージでした。トーンは優しく、かつ、警告で縁取られていました。

　このように、同じアクションでも簡単にさまざまなトーンを作り出すことができます。

　トーンは、シンボル、アクション、発言者、アクションのフレーミング（構成）を通して選ぶことができます。このようにして、あなたはあなたがオーガナイズしている人々の気持ちにつながることができます。なぜなら、アクションは人々の内面にあるものの表現だからです。

　気象災害の問題においては、常にどこかに絶望感を含んでいるので、これは重要です。人々は、私たちの地球を救うには「手遅れかもしれない」と心配します。みんなの気持ちがどのあたりにあるかに基づいて、ぴったりのトーンを選ぶ必要があります。

　たとえば、強制的な希望のトーンは、人々の気持ちを悪化させる可能性があります。「勝てる！」と言って、「勝てないかもしれない」という人々の恐れに決して触れないでいると、その人たちの気持ちを、より悪い状態にしてしまうことがあります。

「太平洋の気候戦士 (Pacific Climate Warriors) 」は、この点で私にインスピレーションを与えてくれました。彼らの多くは、海面が上昇するにつれて沈む恐れのある島々に住んでいます。彼らは、「私たちは溺れているのではなく、戦っている (We are not drowning, we are fighting) 」というフレーズを作成しました。それは反抗のトーンです。犠牲者として見られることを受け入れていないのです。

あなたが見たことのある他の人が使っているトーンをデフォルト（既定）のトーンにするのではなく、あなたの周りの人々とその人たちの気持ちに触れてください。トーンにあなたの周りの人々の内面にあるものを反映させましょう。

アクションを外部で起こっていることに適応させる

トーンについて柔軟に対応できることを知ることで、ニーズに合わせてタクティックを適用できることがわかります。同じアクションをさまざまな方法で使うことができるのです。

これを理解することで、私たちはより一層、柔軟に対応できる力を得ることができます。それは、たとえ私たちが小さなローカルグループであったとしてもです。

私は小さな町で育ちました。大きな戦略の決定は遠くから来ると信じていました。大都市や遠く離れたネットワークが、私たちが何をすべきかを決定していたように見えました（大きな世界的なアクションの日や大規模なモビリゼーション（注7）などです）。

しかし、タクティックを適応させることを学ぶとき、私たちはより柔軟になることができます。ローカルキャンペーンのニーズを、国レベルまたはグローバルレベルで起こっていることと一致させることができます。

たとえば、私は地元の気候正義のための組織である「アース・クエーカー・アクション・チーム」の一員です。その時、「キーストーンXLパイプライン」を停止しようとする国レベルの誓約キャンペーンがありました。これは、1日に最大70万バレル（！）の石油を輸送する米国の大規模なパイプラインです。

この誓約キャンペーンは賢明なアイデアでした。パイプラインの

(注7) モビリゼーション 運動を語るとき、「モビリゼーション」、「モビライズする」とは大きなデモなどに人を集めること、または人を巻き込んでオンライン、オフラインで活動をしたり、運動を大きくしたりすること全般を指します。

計画が承認される前に、市民に（計画が承認された場合は）不服従のアクションを行うことを約束してもらいます。全国レベルでのオーガナイザーたちは、人々に、ワシントンDCでの大規模な座り込みへの参加登録を促し、さらに多くの人々を動員するように働きかけていました。

　私たちの地元のグループは、その取り組みを支援したいと考えていました。重要でワクワクする全国キャンペーンから取り残されたくもありませんでした。さらに、私たちは「キーストーンXL」を停止するためのこの素晴らしいキャンペーンをリードしている人々の同僚や友人でした。

　　しかし…私たちはまた、私たち自身のローカルキャンペーンを一時停止したくありませんでした。私たちは、地元の銀行が山頂除去方式の炭鉱に投資するのを止めるのに本当に忙しかったのです。そして、ちょうどその時期、私たちのターゲットである銀行への働きかけで、いくつかの前進がありました。その上、私たちのキャンペーンには、ちょうどたくさんの新しいメンバーが入ったときでした。私たちはこのエネルギーを維持したかったのです。

　何をすべきでしょう？私たちは、地方の行動と国レベルの行動を結びつける方法を必要としていました。そして、「アクト・リクルート・トレイン」のサイクルに目を向けることでそれを見つけたのです。

　私たちは、リクルートしたばかりの新しい人を「トレーニング」する必要がありました。そこで私たちは、全国キャンペーンの要請（市民的不服従を行うという誓約）を私たちのキャンペーンの新しい人のためのトレーニングに結び付けました。

　私たちは人々に誓約書に公に署名してもらい、次に「キーストーンXL」ターゲットの地方事務所（米国務省）を対象に、市民的不服従の実践演習を行いました。警察が私たちを建物から連れ出すまで、私たちは彼らの事務所の（汚職を一掃するための）掃き掃除をしました。私たちはこの行動の後、長い振り返りの時間を持つことで、非暴力の理論と、なぜ私たちが非暴力の直接行動キャンペーンを行うグループなのかを人々に教えました。

　それはウィン・ウィンの関係でした。

　全国的なグループは、より多くの署名、より多くの注目、そして、直接行動のスキルを身につけた、より多くの人々を獲得しました。そして、私たちのローカルキャンペーンには、キーストーン関連で何かをしているという理由だけで参加してくれる人が出始め、また、この機会を利用して新しいグループメンバーの新しいスキルの構築ができました。

すべてがスムーズに進む完全な一致は、めったにありません。また、国レベルのすべてのアクションには参加しないことを決定したり、地域のアクションのいくつかをキャンセルしたりしても問題ありません。それらも正しい選択かもしれないのです！

オキュパイ・キャンペーンでは、地元のグループが場所の変更を試みました。 オキュパイが米国で開始されたとき、ミネアポリスやアトランタなどの一部の都市ではバリエーションを生み出しました。彼らは、大手の銀行が差し押さえていた人々の家を占領しました。このタクティックは、人々が自分の家を失わないようにするのを助けるための実際的な方法になりました。

ここでの概念は重要です。つまり、アクションをあなたのものにするのです。あなたの地元のニーズと状況にそれらを合わせてください。地域の気象災害が発生し、適応する必要があるとき、これは特に重要です。

このスキルを学ぶことは、より成功したアクションをオーガナイズするのに役立ちます。そして、そうすることが次の課題を提示してくれます。

2つ先のアクションまで計画しよう

アクションが成功した後、私が最もよくされる質問は、「では、次のアクションは何ですか？」です。

私はオーガナイザーとして、これに対する答えがないのが嫌いです。次のような返事をしなければいけない場合、それはチャンスを逃していることを意味します。「またお知らせします。 Facebookを見るようにしてください」。

「次の金曜日は別のアクションのために予定を空けておいてください！」と答えられれば、どれほど良いでしょう。（または、少なくとも、「来週のミーティングに来て、次を決めるのを手伝ってください」と）。

このため、グループは事前にふたつのアクションを計画することをお勧めします。そうすれば、最初のアクションを実施したとき、2番目はすでに計画されています。

　戦略の一部としてのタクティックの力は、それらをつなぎ合わせるときにもっとも明らかになります。それぞれのタクティックは、うまく積み重ねて構築されると、力が増大します。

　十分に前もって発表された行動は、ターゲットに心配する時間を与えることもできます。オーガナイザーのソール・アリンスキーは、「脅威は通常、実際の出来事よりも恐ろしいものです」と言っていました。

　これらが、どのようにお互いに機能するかの例を次に示します

　数年前、私は少し普通ではない計画を持つキャンペーンに取り組みました。このキャンペーンには、私たちが話してきた要素が含まれています。仲間のスペクトル、あなたの交友の輪の外でのリクルート、力の逆三角形などです。この計画は、カナダの非暴力戦略家、フィリップ・デュアメルを含む数世代のオーガナイザーによって採用されてきました。それは他のキャンペーンに使われたり、適応されたりしています（もしかしたら、あなたも使ってみるかもしれないですね！）。

　私たちの街には、人々が欲しがっていないふたつの巨大なカジノの建設が提案されていました。コミュニティはあらゆる段階で締め出され、市民が意見を述べるチャンスはありませんでした。関与する方法もなし。私たちは泣き寝入りをし、あきらめることを期待されていました。

　私たちは、ひとつの公開集会を開催する以上のアクションをしたいと思っていました。自分たちの運動の価値観をアクションに組み込む方法を探していました。

　私たちは、まず、ターゲットを決定しました。カジノを承認した政治家たちです。そして、私たちはサポートの柱を見てみました。カジノには基本的に、市の役人、州の役人、マスメディア、裁判官、学者など、あらゆる権力を持つほぼすべての人を味方につけていました。それは絶望的に見えました。そして、すべては非常に速い速度で起こっていたので、情報を処理する時間がありませんでした（あなたも似たような経験がありませんか？）。

　そこで、あるジレンマ（二者択一の難問）を設定しました。秘密にしていたすべての文書の公開を希望することを、1ヶ月前に通知

しました。これらの文書には、用地計画、社会的影響の調査、環境計画、建築完成予想図、および経済的側面の調査が含まれていました。「これらすべての文書を12月1日正午までに公開するよう求めています」と発表しました。「公開されない場合、私たちは賭博規制委員会の本部に行き、市民による文書検索を実行して文書を『解放する』ことを余儀なくされます」。

　そして、アクションのタイムラインを作成しました。私たちは透明性のために闘っていたので、誰もが見ることができるように公開しました。以下が、私たちの行動がどのように実行されていったかについての簡単なサマリーです。

＜10月30日 トリック・オア・トリート:最後通告を届ける＞

　この日、ハロウィーンのおやつと虫眼鏡を、市長と市議会に持ち込みました。そうそう！それだけではなく、12月1日までにすべての文書を公開するという私たちの要求、そしてそれが実行されなければ自分たちで文書を探さなくてはいけないと知事に知らせるために、市長のファックスを使用しました（結局のところ、そのファックス機も私たちのものです！）。

　いくつかの報道機関が私たちを取り上げました。このアクションに参加したのは、たったの5人か6人でした（そして、公平を期すために伝えると、そのうちの2人は私のルームメイトでした）。

＜11月13日 賭博委員会の「公開」公聴会＞

　私たちは、ターゲットのタイムラインにあまり反応しないように努めました。私たちのタイムラインに沿って進み続けることが、私たちを強くしてくれました。でも、彼らが大きな公聴会を開くとき、私たちは人々が公聴会に参加するだろうと考えました。そこで、私たちはタイムラインにないアクションを計画しました。虫眼鏡を持って飛び出して、ふざけてみるのです。会議に参加するすべてのカジノの幹部と弁護士を虫眼鏡で観察します（虫眼鏡を掲げて尋ねます。「書類はありますか？」）。

　この時から、記者たちは私たちに真面目な質問をし始めました。そして、サポートを求める私たちの話に、いくつかの団体が耳を傾けてくれるようになりました。さらに2人が、私たちと一緒に後日の文書検索アクションに参加することに同意してくれました。

<11月20日 請願書の送付と透明性向上のための窓掃除>
　私たちは賭博規制委員会の事務所に行きました。彼らの窓を拭くためにです。そう、彼らがより「透明になる」のを助けるためにです（同時に、請願書も提出しました）。

　これは、とても楽しかったです。そして、この頃、人々は私たちがしていることにワクワクし始めました。私たちのトーンは、軽快で遊び心がありました。そして、私たちのアクションはよく報道されるようになっていました。私たちはターゲットに圧力をかける方法として、マスコミを利用しました（記者に彼らに厳しい質問をするように促しもしました）。そして、私たちは近所の人のドアをノックし、運動に参加するよう呼びかけ続けました。今ではほとんどの人が私たちのことを知っていて、必ずしも応援をしていない場合でも、少なくとも好奇心を持ってくれていました。

<11月23日 世界の内部告発者への感謝祭>
　私たちは、賭博規制委員会内の人々が内部告発者になることを奨励するために、応援の手紙を書きました。書類を私たちに送るための返信用茶封筒も同封しました。

　正直なところ、私たちはこれをかろうじてやってのけました。タイムラインが詰まり過ぎていたのです（その前のアクションからわずか3日後！二度とこんなに続けてアクションをすることはしません！）。しかし、少なくとも私たちはコミットメントを実行しました。

<12月1日 最終通告期間の終わり>
　文書が公開されない場合、私たちは自分たちでそれらを検索する意図を発表せざるを得ないだろうと公に述べました。

　ただし、この日はアクションを実行しなかったことに注意してください。記者会見のみを行いました。私たちは時間を有効に活用し、対抗者をより緊張させたのです（「次に何が来るのか？」）。そして、この時間は、私たちの消極的だった味方たちを助けました。この日は、政治家が私たちのキャンペーンに対して、支持表明をし始めた最初の日となったのです。

＜12月10日 非暴力文書検索のトレーニング＞

　トレーニングはとても重要です！いろいろなことが学べます。そして、トレーニングはより多くの人々をリクルートするチャンスでもあります。トレーニングの様子を見た後、3人の新しい人々が、次のアクションにサインアップしました！

＜12月11日 非暴力文書検索＞

　私たちのアクション自体が私たちのメッセージでした。私たちは彼らの事務所に行って、文書を公開しようとしました。

　ジレンマは私たちの対抗者を二重に束縛しました。賭博規制委員会が文書を秘密にし続けた場合、彼らはなにか不正なものを隠しているという市民の疑惑を裏付けます。彼らが文書を公にした場合、私たちは透明性獲得の勝利を手にします。コインが表なら、私たちが勝ち、裏なら相手が負けるのです。

　そして何が起こったでしょう？

　賭博規制委員会は私たちに文書を提供しませんでした。彼らは警察に電話し、警察は私たち14人を逮捕しました（私たちは軽い規則違反で起訴されました）。

　しかし、翌日、人々は私たちをサポートしに来てくれました。より多くの選挙で選ばれた役人たちや、より多くの組合員たち。環境保護関係者は、これらのカジノが引き起こす被害に気づき始めました。そして、風見鶏のような臆病な政治家たちが、私たちの道を指し示したのです。

　透明性獲得のキャンペーンは、賭博規制委員会が、私たちが要求したほぼすべての文書を公開したときに終了しました。

　しかし、キャンペーンはそこで終わりはしません。キャンペーンは新しいキャンペーンを生み出します。それは気候変動解決に向けてもそうであるように、私たちが勝つまで数年間かかった闘いでした。

　そして、このキャンペーンでは、以下のような要素がどのように組み合わされているかを見ることができます。トーンの設定（私たちのトーンは「遊び心溢れる」でした）、外部の日程へのタクティックの適応（公聴会とのスケジュールの調整）、そして、前もってのアクションの計画（これをしなかった場合、私たちはキャンペーンを続けることができなかっただろうと確信しています）。

　次に見る、タクティックに関するもう一つの理論は、適切なアクションを見つけるのに役立ちます。

ジレンマ・デモ（二者択一のデモ）

　みなさんの多くは、人々が道路を封鎖したり、政治家の事務所で座り込みをしたりするのをおそらく見たことがあるでしょう。うまくいくこともあれば、うまくいかないこともあります。これはどのアクションにも当てはまります。

　でも、アクションが私たちの味方（仲間のスペクトル）をよくうんざりさせてしまう理由のひとつに、ターゲットの邪魔をする、正当な理由がないように思われることがあります。私たちの目的が正しいことは自分たちではわかっていますが、私たちのキャンペーンの味方になる可能性のある人たちが、そのアクションをどのように見るかも重要なのです。

　共和党が私の地元を訪れていたときに、仲間の抗議者が交通を遮断しているのを見たときのことをよく思います。抗議者たちは混乱を引き起こしたかったのです。しかし、混乱に巻き込まれている人々は、彼らの仲間であるフィラデルフィアの住人でした。ある女性が窓から私の街の多くの人が感じていた思いを叫びました。「私も共和党員が嫌いだけど、子どもを迎えに行く必要があるのよ！」。

　このアクションには、意図した効果がありませんでした。

　このようになってしまう可能性を排除することはできません。しかし、それを減らすことはできます。

　おそらく、真っ向からの対立を実施したい運動のために学ぶべき大切な教訓の一つは、ジレンマのデモンストレーションを創作する方法です。

　ジレンマのデモンストレーションは、ターゲットにあなたが実行したいことを実行するのを許容させる、もしくは、あなたがそれを実行するのを彼らがやめさせ、その不合理さが公に露呈する、このどちらかを強いる行動です。

　ジレンマのデモンストレーションは、ターゲットがどちらの方法で反応しても、あなたにとって有利になります。公民権運動の座り込み活動家は、食堂に入り、コーヒーを要求します。彼らが一杯のコーヒーを手に入れたら、素晴らしい！またひとつ差別的な慣習が崩れたことになります。彼らが代わりに逮捕されたり殴打されたりした場合でも、活動家に有利になります。人種差別の根底にある暴力が露呈し、運動が成長するのです。

ジレンマを設計する秘訣は、アクション企画者は何が起こっても自分たちのためにアドバンテージを生み出さなければいけないということにあります。結果がどうなっても、アクション参加者にとって利点を生み出すことができなければ、デモはうまく機能しません。たとえば、座り込みのオーガナイザーがコーヒーを飲む（または殴られて投獄される）ことを敗北と見なす場合は機能しないのです。

カジノに対する透明性キャンペーンの「文書検索アクション」では、私たちがやりたいことを実行していました。

これらは、最も強力な直接行動の真髄です。

これらは、本質的に象徴的な、集会、マーチ、またはヴィジル（徹夜祭の祈り）のようなタクティックとは大きく異なります。そして、それらは、一般的な封鎖のような他の直接行動とも異なります。封鎖は、運転者を妨害しますが、その目的はアクションによって明確にされていません。ジレンマのデモは、私たちのビジョンの一部を採用し、それをアクションに反映させます。

そうすることがアクションにアクション・ロジック（アクションをする論理的理由）を与えます。アクション・ロジックが強ければ、メッセージがプラカードではなくアクション自体に埋め込まれているため、部外者がアクションの意味を説明されなくても理解できます。

ジレンマのデモンストレーションは、広く使用され、大きな効果を発揮しています。

● 自らの先祖代々の領土をまたいで建設されている巨大なパイプラインに直面して、スタンディング・ロック・スーの長老ラドンナ・ブレイブ・ブル・アラードはキャンプを設営しました。キャンプはパイプラインをブロックする物理的な障壁でしたが、それだけではありませんでした。それは文化の保護と精神的抵抗のためのキャンプでした。キャンプはパイプラインに対する物理的な防波堤でもあり、同時に世界的なシンボルになりました。

- 「キーストーンXLパイプライン」に対する同じキャンペーンで、ジレンマデモが再び行われました。先住民コミュニティ、土地所有者、農民および支援組織が「ソーラーXL」を立ち上げたのです。この時、彼らは提案されたパイプラインのルートに直接稼働しているソーラーパネル(「再生可能エネルギー抵抗の波」)を設置しています。いずれの場合も、ターゲットにはジレンマがあります。キャンプやソーラーパネルを一掃するか、パイプラインをブロックさせるか？

- ガンジーはタクティックの天才であり、見事なジレンマデモを創造しました。イギリスによるインドの占領は、多くの方法でインドの民を抑圧しました。彼は、多くの場所で再現でき、意味があり、英国の権力に挑戦する行動を見つけたいと思いました。彼は、塩は誰もが生きるために必要なものであることに着眼しました。そして、イギリス人は塩を売る権利を独占して、たくさんのお金を稼いでいました。そこでガンジーは、人々が自分で塩を作る新しいキャンペーンを始めました。もし、彼らが塩を作ることを許されていたら、彼らは喜んだでしょう。しかし、大英帝国はその行いを弾圧することを選択しました。そしてこれは、イギリスがインドを支配する権利を持っているという考えを散り散りに破り、彼らの撤退を早めました。

- ネオナチは、定期的にドイツの小さな町でマーチをしました。住民はそれを良いと思っていませんでした。しかし、彼らに反対する運動は一度も十分な規模に成長しませんでした。そのため、活動家グループ、「右翼に対抗する正しい人々（ Right Against Right/Recht gegen Rechts）」は、別の戦略、つまり「非自発的ウォーカーソン（長距離デモ行進）」を考案しました。ネオナチが行進した1メートルごとに、元ネオナチがその運動から逃れるのを支援することに特化した団体にお金が寄付されるのです。ジレンマは明らかでした。彼らがマーチすることを選択した場合、それは、その団体への寄付金を生み出しました。しかし、彼らが行進しないことを選択した場合、そう、それは町がずっと望んでいたことの達成です。

- 私のフィラデルフィアの家の近所では、ゴミやリサイクル回収が行われていませんでした。そこで、人々は近所のゴミ回収を自らオーガナイズし、彼らが提供したサービスの請求書を市に送りつけました。支払いが行われなかったとき、彼らは、次の週のゴミを市役所の前に捨てました。市は次の週、ゴミ収集をするための資金確保をしました！

- 「太平洋の気候戦士 (Pacific Climate Warriors)」は、島を救うために古い伝統に立ち返り、ジレンマのデモンストレーションを見つけました。彼らは長老たちの助けを借り、手彫りの伝統的なカヌーを作りました。太平洋諸島の12の国の戦士がそのカヌーを携え、オーストラリアのニューキャッスルに行きました。ここには、世界最大の石炭港のひとつがあります。戦士たちは一日、カヌーで石炭港を封鎖し、水路を通過する巨大な石炭船と対峙しました。彼らの行動は、彼らのメッセージでした。「未来は石炭ではなく、私たちの過去の伝統に根ざしています」。

ジレンマのデモンストレーションを見つけることができると、キャンペーンを強化することができます。これらのアクションは、私たちの反対派が無視することは不可能であり、彼らに難しい選択（私たちを彼らが抑圧するか、運動が具体的な成果を上げることを許容するか）を強いることができます。

第 5 章 おわりに
Chapter 5: Closing

　私たちの多くは、すでに気候危機の影響を経験しています。私の窓の外では、海面上昇が川の潮流にどのように影響しているかを見ることができます。異常に暖かい季節は、渡り鳥のパターンを乱しました。熱波が深刻さを増し、私が住んでいる地域の高齢者の健康を脅かしています。

　これらは、かなり気がかりな事実です。なぜなら、これより悪い状況がやってくるのがわかっているからです。どうにか早い時期に（この運動が）勝利を収めたとしても、私たちがすでに地球に行ってしまったことの影響は広範囲に及んでいるのです。

　そのため、私は運動の構成要素であると私が考えるものに立ち戻りたいと思います。関係性です。お互いの絆。自分の心との繋がり。私たちの運動の長老たちや私たちと同じ思いで活動をした先人たち。私たちの仲間である植物や動物の命との繋がり。私たちの母なる地球との繋がり。

　運動が愛を育めているとき、運動は一番良い状態にあります。それらは確率的に難しい事実の数々に直面しながら、みんなの希望から生まれる行為です。

　私たちのグループやキャンペーンでは、お互いとの関係を築きます。これらのコミュニティの蜘蛛の巣のような、織物の布のような繋がりを通して、私たちはこの危機の向こう側を見通すことができるのです。このようなつながりが、気候変動による変化に順応するため、新しいシステムへの移行のため、そして抵抗を続けるための、さまざまなネットワークになります。そして、一人の人が活動場所や役割を転々とすることもありますが、このひとつひとつのステップにおいて、お互いへの優しさと配慮を持つことが、私たちをより強く結びつけます。

　そのためには、自分の内側が愛に溢れている状態を保つ必要があります。速いペース、緊急性、そして人生の要求が私たちを圧倒しないように、私たちの精神に良い健康的なバウンダリー（境界線）を設定することが重要です。肌が私たちと外の世界との間のバウンダリーであるように、私たちはニュースやSNSとのバウンダリーを必要としています。それはSNSから休憩を取ることを意味します。そして、ニュース番組を聞いた後、どんなアクティビティをするかに十分配慮し、一日中、悪いニュースが私たちを襲わないようにしなくてはなりません。

バウンダリーは良いものです。そして、同時に、私たちはオープンでいることも必要としています。私たちが知っている気候危機の影響を受けている人々に、自分自身の心を開き続ける必要があります。私たちの心は開かれていなければなりません。そして、その愛の対象を苦しんでいるすべての人に向けなければなりません。それには、他の人がどのように不公正に抵抗しているかについての話を探すことも含まれます。抑圧について勉強しても、私たちは強くなりません。レジスタンスについて勉強することが、必要なスキルを教えてくれるのです。

抵抗について勉強することで、私たちは人々がこのようなことを行うためのバランスをどのように見つけたかについて学べます。モンゴルの学生の行動には、さまざまなものがありました。一部の人は、運動をやめて勉学にただ集中するようにという両親の要求を受け入れませんでした。彼らは、その時期があまりにも重要であると判断したからです。他の人々は、波のように参加したりしなかったりの時期がありました。大きなアクションのときはサポートし、他のときは少し身を引き、学業で遅れを取らないようにしました。そして、それぞれが自分と自分の状況に合ったリズムを探しました。運動には非常に多くの役割が必要とされます。参加する方法は本当にたくさんあります。

こういったこと、そして、この他にもあるいろいろなことが、長い目で見ると私たちの精神状態を守ってくれます。「今」行動しなければいけない、という緊急性は、私たちがしっかりと地に足をつけていなければいけないことを意味します。私たちが学んでいることを他の人と共有し続ける必要があります。そうすれば、お互いが自分の道を見つけることをサポートし合うことができます。

私たちが最も地に足をしっかりつけているとき、みんなの魂と愛と精神に語りかけるキャンペーンを構築することができます。私たちの行動が私たちの心から来るとき、「活性化された社会的価値観の岩」と「仲間のスペクトル」を動かすのです。創造的なタクティックは、私たちが頭だけで考えてしまっているときでなく、クリエイティビティに溢れているときに見つけられます。

　だからこそ、あなたがこの過程で重要なのです。ぜひこの本を使ってみてください。私たちの気候が良くなるのを手伝ってください。この差し迫った気候危機の流れを止めようとしている私たち全員に加わってください。そして、深く、広く、そして、勇敢に自分にとって大切なものを愛し続けてください。

NEXT STEPS
このハンドブックを読んでさらに理解を深めたいと思われた方は、以下のリンク（英語資料）から情報を入手できます。
trainings.350.org.
trainings.350.org/online-skillups

訳者あとがき

　この本を書いたダニエルとは、私が今とは全然違う俳優としての生活をアメリカで送っていた頃、友達になりました。20代を過ごしたアメリカのフィラデルフィアで、私がとても仲良くしていた友人のルームメイトだったんです。その頃から私は活動家に囲まれていましたが、自分も将来フルタイムの活動家になり、しかもダニエルと一緒に同じ団体で仕事をする日が来るなんて思っていませんでした。そして、人類が生存の危機に瀕している、そんなSF映画のようなことが起こっているなんて、夢にも思いませんでした。

　15年前の私が今の自分の生活を想像できなかったように、15年後の私個人の人生がどんなものになっているか、私には全く想像がつきません。でも、私を含め、今よりずっと多くの人が今よりずっと大きく気候変動の影響を受けることが科学的にわかっています。

　気候変動問題に向き合うとき、私たちは、この科学者たちの未来の予測を凝視します。それは、ちょっとしんどいことです。知れば知るほど、状況は思っていたより悪く、その危機的状況を解決しようと動いている人はまだ少ないからです。大多数の人は無関心で、情報を得ているはずの各国政府のリーダーや大企業のトップの人たちの対策は、一見動き出しているように見えても、蓋を開ければ引き続き目先の経済利益を優先しています。気候変動が今予測されている通りに進行すれば、日本のように経済的に体力のある国でも、災害や社会の不安定さから国民一人一人の生活に影響が及ぶような大打撃を受けることになるのにです。気候崩壊が起きれば、日本でも人が住めない地域が出てくるのにです。

　気候危機の現状を知ると気になるのが、まだ間に合うのかどうかです。気候崩壊のスイッチはもう入ってしまったのかどうか、気候崩壊を免れることは可能かどうか。今から努力をする価値はあるのか。でも、私たちの家が燃えているときに、逃げられるかどうかを考える必要はあるでしょうか？もちろん、燃えていることを家の中の人に伝えることは必要です。でも、あとは、火を消すだけです。助かるかどうか考えている場合ではないのが、危機です。

　人類は、空を飛んだり、月に行ったり、絶対無理！と思われたことを達成してきました。空を飛んでみたい、月面を歩けたらすごい！って、どんなに無理な条件が揃っていても、周りに変な目で見られても、本当に欲しいものを想像した人たちが植えた多くの種が育った結果です。

　だから、あなたも、できることをひとつひとつ。生活を見直し、企業を選び、政府に働きかけ、人に伝えていく。あなたらしく、できたら楽しみながら、まずは一歩。そして、踏み出した自分の勇気と頑張りをぜひ褒めて、自分を大切にしてください。そうすると、次の一歩が見えてきます。

　何かに躓くことがあったら、ぜひ連絡をください。あなたと一緒に考えたり、励ましあったり、社会に働きかけたいと思っている人はたくさんいます。この問題を前に孤独を感じたり、圧倒されたりすることがあるかもしれません（私もあります）。でも、私たちは決して一人ではありません。

2021年3月
荒尾日南子

About the Contributors

ダニエル・ハンターは、
350.orgのグローバル・トレーニングの副ディレクターです。これまでの人生において、世界中の草の根活動家たちの熱い思いが彼らの活動を通して表現されるようにサポートしてきました。彼はキャンペーンとはどんなものかを楽しい実話に基づいたストーリー、「戦略と精神（原題：Strategy and Soul）」に記しています。「新たなジム・クロウを生まないために（原題：Building a Movement to End the New Jim Crow）」の執筆者であり、「美しき厄介事（原題：Beautiful Trouble）」と「私たちは変わっていない（原題：We Have Not Been Moved）」へ寄稿しています。また、FindingSteadyGround.com や Global Nonviolent Database、最近公開した Trainings.350.org を含め、社会変化とは何かを人々に伝えるために複数のウェブサイトも制作しました。

ジェイジア・クックは、
ホラー映画好きで、辛い食べ物が嫌いなビジュアルアーティストです。また、自分が通うフィラデルフィア芸術大学 (University of the Arts) が（嫌いでもあり）大好きな学生です。
彼の作品に興味がある方はインスタグラム (@virgo_artistry) からご覧頂くか、直接メールにてご連絡ください。jziahabundantcook@gmail.com

ダフネ・フィリッポシスは、
音楽や美術など芸術分野の探究が好きなビジュアルアーティストです。また、詩人のマーガレット・アトウッドや雨が窓を打つ音を聞くことも好きです。そして、テンプル大学の芸術学部 (Tyler School of Art) に入学予定です。
彼女の作品に興味がある方はインスタグラム (@killedmykactus) からご覧頂くか、直接メールにてご連絡ください。dphilippoussis@icloud.com

グレタ・トゥーンベリは、
自国のスウェーデン政府が気候危機の課題について十分な対策を取らなかったことに対し抗議活動をスタートした活動家です。「気候のための学校ストライキ(Skolstrejk för klimatet)」の立ち上げ人物であり、学校を休み、スウェーデン議会の前に座り込みを開始しました。
多くの人々が彼女の活動に賛同し、数十万人もの学生たちが参加する世界的に注目される大きなムーブメントを起こすきっかけとなりました。

荒尾日南子は、
「350.org Japan」のフィールド・オーガナイザーです。アメリカでの俳優業、日本で
フリーのテレビ、映画のプロデューサーを経て、現在、気候変動問題解決に向けた
力強い市民運動の構築に尽力しています。彼女のゼロウェイストライフの取り組み
などは、インスタグラム (@hinakoarao) からご覧いただけます。質問などある方は、
hinako.arao@350.org まで。

横山隆美は、
「350.org Japan」の代表です。米国系の損害保険会社に 42 年勤務しました。ナオ
ミ・クラインの「これが全てを変える」を読んだのがきっかけで、「350.org Japan」
にボランティアとして参加し、2019 年 5 月より現職です。若者主導で気候危機に対
する運動が世界で盛り上がっていますが、シニア世代や気候以外の環境団体と協働
して、運動をさらに広げたいと考えています。

白谷敏夫は、
サーファーでアートディレクター。住まいは伊豆と鎌倉。アートブックと椿油づくり。中
学生時代にロックにはまり、以後正しいアウトローを目指しています。1980 年代 NY
で出会ったアースデイをきっかけに、紙の行方をテーマに制作からリサイクルに至る
まで用紙や印刷インキ、製本についてサステナブルなデザインを心がけています。

尾崎靖は、
写真集や単行本のエディター。住まいは東京。大手出版社に 37 年勤務していまし
た。現在は、相手と戦わずに一体化する日本の武道、合気道にハマっています。また、
「Let's Talk About Environment! (環境について話そう!)」をテーマに活動する
オープンコミュニティ「Spiral Club」のメンバーでもあります。

クライメート・レジスタンス・ハンドブック日本語版は、
この他にも多くの方々が貢献をしてくださいました。「貢献者
のリスト」のページを快く翻訳してくださった 350 翻訳ボラ
ンティアチームのボルドバータル・バータルザヤさん、沼田
夏奈さん、丁寧に隅々まで確認をして本全体のレベルアップ
をしてくれた 350 Japan 同僚の渡辺瑛莉さん、田中佑治さ
んに心から感謝をお伝えしたいと思います。